I0007519

Astrid Bruker

Funktionsverbgefüge im Deutschen

Computerlexikographische Probleme und Lösungsansätze

Bachelor + Master
Publishing

Bruker, Astrid: Funktionsverbgefüge im Deutschen. Computerlexikographische Probleme und Lösungsansätze, Hamburg, Bachelor + Master Publishing 2013
Originaltitel der Abschlussarbeit: Entwurf und Realisierung von Lexikon-Einträgen für Funktionsverbgefüge der deutschen Sprache

Buch-ISBN: 978-3-95549-133-8
PDF-eBook-ISBN: 978-3-95549-633-3
Druck/Herstellung: Bachelor + Master Publishing, Hamburg, 2013
Zugl. FernUniversität in Hagen, Hagen, Deutschland, Diplomarbeit, April 2008

Bibliografische Information der Deutschen Nationalbibliothek:
Die Deutsche Nationalbibliothek verzeichnet diese Publikation in der Deutschen Nationalbibliografie; detaillierte bibliografische Daten sind im Internet über http://dnb.d-nb.de abrufbar.

Das Werk einschließlich aller seiner Teile ist urheberrechtlich geschützt. Jede Verwertung außerhalb der Grenzen des Urheberrechtsgesetzes ist ohne Zustimmung des Verlages unzulässig und strafbar. Dies gilt insbesondere für Vervielfältigungen, Übersetzungen, Mikroverfilmungen und die Einspeicherung und Bearbeitung in elektronischen Systemen.

Die Wiedergabe von Gebrauchsnamen, Handelsnamen, Warenbezeichnungen usw. in diesem Werk berechtigt auch ohne besondere Kennzeichnung nicht zu der Annahme, dass solche Namen im Sinne der Warenzeichen- und Markenschutz-Gesetzgebung als frei zu betrachten wären und daher von jedermann benutzt werden dürften.

Die Informationen in diesem Werk wurden mit Sorgfalt erarbeitet. Dennoch können Fehler nicht vollständig ausgeschlossen werden und die Diplomica Verlag GmbH, die Autoren oder Übersetzer übernehmen keine juristische Verantwortung oder irgendeine Haftung für evtl. verbliebene fehlerhafte Angaben und deren Folgen.

Alle Rechte vorbehalten

© Bachelor + Master Publishing, Imprint der Diplomica Verlag GmbH
Hermannstal 119k, 22119 Hamburg
http://www.diplomica-verlag.de, Hamburg 2013
Printed in Germany

Inhaltsverzeichnis

1 Einleitung

1.1 Motivation

Die vorliegende Arbeit entstand vor dem Hintergrund, daß das vom Fachbereich IICS (Intelligente Informations- und Kommunikationssysteme) der FernUnversität in Hagen entwickelte Domänen-unabhängige Computerlexikon für die deutsche Sprache, HaGenLex[1], um die sogenannten Funktionsverbgefüge erweitert werden soll. Das Ziel war hierbei, daß der WOCADI-Parser des Fachbereichs IICS künftig auch Funktionsverben und Funktionsverbgefüge (abgekürzt: FVG) korrekt verarbeiten kann.

Dadurch soll erreicht werden, daß das System unterscheiden kann zwischen „einen Antrag stellen" und „etwas auf den Tisch stellen", d.h. daß der Parser das Funktionsverbgefüge „einen Antrag stellen" als ein solches erkennt und mit seinem Synonym „beantragen" gleichsetzt. Also muß vom Parser erkannt werden, daß in diesem Fall das Verb „stellen" eine andere Bedeutung hat als in „etwas auf den Tisch stellen", nämlich nicht die „normale" Bedeutung. Auf die semantische Abschwächung des Verbs in Funktionsverbgefügen werde ich an anderer Stelle noch ausführlich eingehen, da sie das wichtigste Merkmal dieser sprachlichen Konstruktion ist.

Eine wichtige Rolle spielt die richtige Analyse und Behandlung der Funktionsverbgefüge für die korrekte Verarbeitung von Anfragen in sogenannten semantischen Frage-Antwort-Systemen (FAS, engl. QA systems). Dies ist zum Beispiel der Fall bei den vom Fachbereich IICS der FernUniversität Hagen entwickelten Frage-Antwort-Systemen „InSicht" und „InSicht-W3" sowie in dem Mensch-Maschine-Interface „NLI-Z39.50" des Fachbereichs IICS zur natürlichsprachlichen Informationssuche und Literaturrecherche im Internet.

Von großer Bedeutung ist die adäquate Analyse und Behandlung derartiger sprachlicher Konstruktionen auch bei der Maschinellen Übersetzung, für ihre korrekte Übertragung von der jeweiligen Quellsprache in die Zielsprache.

---

[1]HaGenLex ist ein Akronym für HAgen GErmaN LEXicon

1

Nicht zuletzt deshalb hat wohl in den letzten Jahren das Interesse an den Funktionsverbgefügen sowohl in der Informatik und Computerlinguistik als auch in der traditionellen Linguistik eine enorme Zunahme erfahren.

1.2 Funktionsverbgefüge im heutigen Deutsch

Die Verwendung und Neubildung von Funktionsverbgefügen nimmt in der modernen deutschen Umgangs- und Schriftsprache offenbar ständig zu, worauf auch in der linguistischen und germanistischen Literatur hingewiesen wird. So heißt es etwa in der „Kontrastiven Lesegrammatik Deutsch - Thai"[2] von Noraseth Kaewwipat:

„Der Nominalstil kann als eine der wesentlichen Entwicklungstendenzen des modernen Deutsch bezeichnet werden. (...) Durch die Akademisierung bzw. Verwissenschaftlichung der Sprache des öffentlichen Lebens vor allem seit der Mitte des 19. Jahrhunderts in Massenpresse und Verwaltungs- und Politiksprache wird die Nominalisierung als Mittel zur Komprimierung des Satzbaus so auffällig und gemeinsprachlich, dass man vom Nominalstil sprechen kann.

Unter dem Nominalstil wird eine Ausdrucksweise, in der die nominalen Satzglieder nicht nur erheblich zahlreicher, sondern auch die hauptsächlichen Träger der Satzaussage sind, verstanden. Laut LEWANDOWSKI (1994) ist der Nominalstil eine syntaktische Strategie in der Gegenwartssprache (...) mit Vorherrschen nominaler Elemente im Satzbau gegenüber dem normalen Erwartungswert. (...)

Durch die Einwände von etlichen Stillehren, Sprachkritikern und Sprachwissenschaftlern ist der Eindruck entstanden, dass der Nominalstil ein Hauptmerkmal des Verfalls deutscher Sprache sei. VON POLENZ (1988) beschreibt die skeptische Haltung dem Nominalstil gegenüber wie folgt: Mindestens seit der Mitte des 19. Jahrhunderts haben Deutschlehrer und Sprachkritiker vor dem deutschen Substantivstil gewarnt und haben ihn vergeblich bekämpft, meist mit nur pauschalen Begründungen: Zu viele Substantive seien 'unschönes', 'papierenes' Deutsch, 'Amtsdeutsch' usw. (...)

E. ENGEL (1922) schimpfte über die 'langgeschwätzten Denkwörter' auf -ung, -heit und -keit, vor allem aber die 'Ungerei'. Ähnlich kritisch äußert sich L. REINERS, der von den 'Zeitwörter auffressenden' Abstrakta auf -ung spricht (REINERS 1943, 140) und die substantivierten Infinitive, 'diese als Hauptwörter ver-

---

[2]Der genaue Titel lautet: Kontrastive Lesegrammatik Deutsch - Thai für den Unterricht Deutsch als Fremdsprache in Thailand - Untersuchungen am Beispiel des Nominalstils.

kleideten Verben', als schwerfällig kennzeichnet (1951, 76) - alles unter der alarmierenden Überschrift: 'Das Zeitwort stirbt!' " [Kae07]

Wie in diesem beispielhaften Zitat wird heute vielfach und ausdrücklich betont, daß der Nominalstil und somit auch die Funktionsverbgefüge charakteristisch für die deutsche Gegenwartssprache sind und daß es keinerlei Grund mehr gibt, diese - wie noch vor wenigen Jahrzehnten üblich - als „schlechter Stil", „Nominalstil", „Umschreibungssucht", „Substantivitis", „Dingwortseuche", „Hauptwörterkrankheit", „Verbaphobie", „Sprachbeulen", „Verbalhypertrophien", „Zeitwortattrappen", „Funktionärsdeutsch", „aus eins mach drei" und dergleichen zu kritisieren oder gar zu verspotten. [Sto06c]

Allerdings heißt es auch heute noch in den aktuellen Empfehlungen der Wochenzeitschrift „DIE ZEIT" für angehende Journalisten („DER WEG ZUM JOURNALISTISCHEN SCHREIBEN"):

„Vermeiden Sie Funktionsverbgefüge! Ersetzen Sie sie durch Vollverben! Also nicht «Bekenntnis ablegen», sondern «bekennen», nicht «Verzicht leisten», sondern «verzichten», nicht «in Erwägung ziehen», sondern «erwägen»." [ZEI07]

Ähnliche Empfehlungen und Warnungen finden sich auch in zahlreichen Anleitungen für die Anfertigung wissenschaftlicher Arbeiten, für die Erstellung technischer Dokumentationen, für die Abfassung von Behördentexten, Prüfungstexten, Internetseiten, Übersetzungsvorlagen und dergleichen. (cf. Kapitel 2.4)

Daraus wird ersichtlich, daß bestimmte Vorurteile der oben erwähnten vorwissenschaftlichen Sprachkritik gegenüber dem Nominalstil und den Funktionsverbgefügen bis heute noch Bestand haben. Dabei handelt es sich hier - trotz aller abwertenden und kritischen Meinungsäußerungen[3] - um eine Realität in der deutschen Gegenwartssprache, deren pauschale Ablehnung in keiner Weise gerechtfertigt erscheint. Allenfalls könnte vor einer übertriebenen Anwendung der Funktionsverbgefüge und des Nominalstils gewarnt werden.

Weitgehend jedoch wird heutzutage anerkannt, daß Funktionsverbgefüge ihre eigene Bedeutung und Funktion haben, die sie von den entsprechenden einfachen Ver-

---

[3]Die wohl vernichtendste Kritik findet sich in Ludwig Reiners Stilfibel: „Die einfachste Spielart der Hauptwörterkrankheit sind die Streckverben. Jedes Verbum kann man auseinanderstrecken, indem man das Verbum in ein Hauptwort verwandelt und ein farbloses Zeitwort hinzufügt. Also nicht: Ich bedauere, daß Sie das beschlossen haben, sondern: Ich gebe meinem Bedauern Ausdruck, daß dieser Beschluß gefasst worden ist. Namentlich Menschen, die von Natur Langweiler und Kanzleiräte sind, neigen zu dieser Form der Hauptwörterei. Sie sind zu faul, um zu besprechen, zu prüfen und zu unterscheiden. Sie treten in Erwägungen ein, sie nehmen die Sache in Bearbeitung, sie stellen etwas unter Beweis ... und fällen schließlich - so Gott will - eine Entscheidung. - Meiden Sie die Streckverben!"[Rei51]

ben (auch „basic verbs", „base verbs" oder „Basisverben" genannt) unterscheidet und die den verbalen Vorgang in seiner besonderen Art und Weise charakterisiert: die Aktionsart [Eis06]. Dieser Aspekt der Funktionsverbgefüge wird an anderer Stelle noch näher ausgeführt werden.

Daß dies jedoch nicht die einzige Funktion der Funktionsverbgefüge ist, wird unter anderem von Angelika Storrer in ihrer Studie „Funktionen von Nominalisierungs-verbgefügen im Text" dargestellt und anhand von korpusbasierten Untersuchungen belegt. [Sto06b], [Sto06a].

Manche Autoren zeigen sich mit Recht verwundert, angesichts der Häufigkeit von Funktionsverbgefügen in der geschriebenen und gesprochenen Sprache und damit ihrer Bedeutung für die Sprachverarbeitung (Natural Language Processing), daß dieses Phänomen bislang von der Computerlinguistik so wenig beachtet und er-forscht wurde. [Faz05]

In der Tat ist es sehr erstaunlich, daß zwar seit über vierzig Jahren eine intensive Erforschung der Funktionsverbgefüge in etlichen Sprachen stattfindet und eine um-fangreiche Literatur darüber entstanden ist, daß jedoch die Computerlinguistik und die Computerlexikographie erst in jüngster Zeit ein stärkeres Interesse an diesem Thema zeigt.

Bisher allerdings sieht es eher so aus, als würde dabei die Problematik viel zu stark vereinfacht und die Komplexität der Funktionsverbgefüge bei weitem unterschätzt. [Nor05]

Dies liegt möglicherweise an fehlendenden empirischen Studien auf der Basis aus-reichend großer Korpora. Soweit solche Studien bislang überhaupt existieren, be-schränken sie sich meist auf die Untersuchung einiger weniger häufig gebrauchter Funktionsverben und Funktionsverbgefüge, wie etwa „kommen"und „bringen" im Deutschen sowie „to take", „to give" und „to make" im Englischen.

So wird zum Beispiel erst in jüngster Zeit verstärkt die Frage aufgegriffen und unter-sucht, ob es sich bei den Funktionsverbgefüge im Deutschen lediglich um Doublet-ten der entsprechenden einfachen Verben, der sogenannten Basisverben, handelt. In diesem Fall müßten allerdings die Funktionsverbgefüge und die zugehörigen Basisverben beliebig gegeneinander austauschbar sein. Die Ergebnisse erster em-pirischer Studien anhand von Korpusanalysen sprechen eher dagegen. Diese Un-tersuchungsergebnisse werden im Hauptteil dieser Arbeit noch eingehend erörtert werden. [Sto06a], [Gla06]

Gegenstand und Ziel dieser Arbeit ist somit ein wichtiger und typischer Bestandteil der deutschen Gegenwartssprache sowie dessen computerlexikographische Verarbeitung.

1.3 Aufbau der Arbeit

In **Kapitel 2.1** werden vorab einige in dieser Arbeit häufiger verwendete Begriffe vorgestellt und erklärt.

Im **Kapitel 2.2** möchte ich zunächst den Untersuchungsgegenstand dieser Arbeit, die Funktionsverbgefüge, näher beschreiben und sodann auf das Problem der Abgrenzung der Funktionsverbgefüge gegenüber den reinen Kollokationen einerseits und den Idiomen andererseits eingehen. Anschließend werde ich verschiedene Definitionen des Begriffs „Funktionsverbgefüge" aufführen, die sich in der linguistisch-germanistischen Literatur finden, und schließlich meinen eigenen Definitionsversuch vorstellen.

Kapitel 2.3 ist den syntaktischen, semantischen und textuellen Funktionen der Funktionsverbgefüge gewidmet, wie zum Beispiel Darstellung der Aktionsarten, aktivische und passivische Funktionsverbgefüge, Verwendung von Funktionsverbgefügen zum Schließen sogenannter semantischer Lücken im lexikalischen System, ihre Modifizierbarkeit, usw.

Kapitel 2.4 stellt einige typische Bereiche für die gezielte und gehäufte Verwendung von Funktionsverbgefügen vor, wie etwa die Sprache der Verwaltung und die Wissenschaftssprache.

In **Kapitel 3.1** wird die aufgrund der Forderung „Repräsentation nur der häufigsten deutschen Funktionsverbgefüge" unumgängliche Häufigkeitsanalyse ausführlich dargestellt und belegt.

Kapitel 3.2 erläutert und begründet ausführlich meine Vorgehensweise bei der Erstellung der Datensammlung, die dieser Arbeit zugrundeliegt.

Kapitel 3.3 legt meine Klassifizierung der Funktionsverbgefüge nach der Art ihrer Paraphrasierungsmöglichkeiten dar.

Kapitel 4 gibt eine kurze Beschreibung des im Fachbereich „Intelligente Informations- und Kommunikationssysteme" der FernUniversität in Hagen entwickelten Computerlexikons „HaGenLex" und des ebenfalls dort entwickelten WOCADI-Parsers.

Kapitel 5.1 beschreibt meine Aufbereitung der FVG-Beispielmenge im komprimierten Format einer Excel-Tabelle.

Kapitel 5.2 stellt die Aufbereitung einer Auswahl aus dieser Beispielmenge in Form von regimentierten Entailments sowie die Konvertierung in ein Parser-geeignetes Format dar.

In **Kapitel 5.3** folgen Beispiele für die Darstellung von Funktionsverbgefügen in HaGenLex.

Kapitel 5.4 beschreibt die automatische Transformation meiner Daten als Vorbereitung für die Weiterverarbeitung zu Lexikoneinträgen durch den Parser.

Kapitel 6 geht kurz auf Probleme und Schwierigkeiten ein, die bei der Aufbereitung und Verarbeitung des Datenmaterials auftreten können, zum Beispiel durch den bei manchen Funktionsverbgefügen fehlenden Artikel und bei der Verarbeitung von Komposita durch den Parser. Probleme ergeben sich auch bei der Paraphrasierung und Behandlung von Funktionsverbgefügen, die eine sogenannte „lexikalische Lücke" schließen und bei mehrdeutigen Funktionsverbgefügen.

In **Kapitel 7** folgt eine Betrachtung über Funktionsverbgefüge als generelles Sprachphänomen. Anschließend führe ich zur Demonstration jeweils einige Beispiele aus anderen Sprachen auf, beginnend mit Beispielen aus der lateinischen Sprache als Beleg dafür, daß Funktionsverbgefüge keineswegs ein modernes, sondern sogar ein uraltes sprachliches Phänomen darstellen.

Kapitel 8 befaßt sich mit dem Problem der semantischen Auswertung und des Transfers bei der Verarbeitung von Funktionsverbgefügen im Rahmen der Maschinellen Übersetzung.

Eine Zusammenfassung der Ergebnisse und ein Ausblick auf künftige Aufgaben findet sich abschließend im **Kapitel 9**.

In den **Anhängen A bis G** ab Seite 105 findet sich zunächst eine Liste der Funktionsverbgefüge, die ich im TIGER-Korpus gefunden habe (**Anhang A**), ferner eine Aufstellung der wichtigsten Funktionsverbgefüge und ihrer Paraphrasen aus dem DWDS-Korpus, dem TIGER-Korpus, der Literatur und diversen Internetquellen (**Anhang B**), sodann meine eigene Sammlung von Funktionsverbgefügen zum Funktionsverb „machen" einschließlich der zugehörigen Basisverben (**Anhang C**), schließlich die Entailments zu einer Auswahl von Funktionsverbgefügen aus der Aufstellung im Anhang B (**Anhang D**), eine Zusammenstellung potentieller deutscher Funktionsverben (**Anhang E**), eine Aufstellung der häufigsten deutschen Funktionsverben (**Anhang F**) sowie eine Tabelle der laut einer Wörterbuchanalyse häufigsten deutschen Funktionsverben (**Anhang G**).

Den Abschluß bildet das **Literaturverzeichnis**.

6

2 Begriffe und Grundkonzepte

2.1 Linguistische Grundbegriffe und Definitionen

Zunächst möchte ich einige wichtige linguistische Begriffe erläutern, die in dieser Arbeit des öfteren vorkommen.

Argumentstruktur

Der Begriff **Argumentstruktur** betont (im Gegensatz zum Valenzbegriff) die semantischen Aspekte der Stelligkeit von Verben. Die Argumentstruktur erfaßt die grammatisch (d.h. morphologisch und syntaktisch) relevanten Bedeutungsaspekte von Prädikaten.

Artikel, Nullartikel

Der **Artikel** ist der Bestandteil einer Nominaphrase, der die Referenzdeterminiertheit und die Quantifikation des durch diese Phrase beschriebenen Konzepts bestimmt. Neben dem bestimmten und dem unbestimmten Artikel wird in der Linguistik und in der Automatischen Sprachverarbeitung (ASV) noch der sogenannte **Nullartikel** („ $\emptyset$ " oder „ _ ") als Artikelform ohne sprachlichen Ausdruck eingesetzt, um Nominalgruppen einheitlich behandeln zu können („ _ Kinder" - „die Kinder"). Damit beginnt im Deutschen jede Nominalgruppe mit einem Artikel.

Disambiguierung

Unter **Disambiguierung** versteht man den Vorgang der Auflösung von Mehrdeutigkeiten beim Verstehen natürlicher Sprache (durch den Menschen oder durch technische Systeme).

Idiom

Idiome bzw. idiomatische Wendungen sind syntaktisch komplexe Ausdrücke, deren Bedeutung nicht kompositional ist, d.h. sie kann nicht auf die Bedeutung der Teilausdrücke zurückgeführt werden.

Kollokation

Als **Kollokation** (oder besser **Kookkurrenz**) bezeichnet man in der Linguistik das gehäufte benachbarte Auftreten zweier lexikalischer Einheiten in einer übergeordneten Einheit, z.B. in einem Satz. Es besteht die Annahme, dass zwei Lexeme voneinander abhängig (interdependent) sind, wenn sie auffallend häufig gemeinsam auftreten. Statistische Tests liefern Maße für die vermutete Abhängigkeit, wie zum Beispiel diverse Varianten der mutual information oder likelihood ratio.

Komplement

Komplemente (auch Aktanten genannt) sind nicht-verbale Ausdrücke (Nominalphrasen, Präpositionalphrasen, Adverbphrasen, Nebensätze), die einen Verbalkomplex zu einem Satz sättigen. Im prototypischen Fall der Termkomplemente (Subjekt und Objekte) sind sie nicht weglassbar und in der Form vom übergeordneten Verb bestimmt. Sie bilden Argumente des Prädikats und bezeichnen inhaltlich am Sachverhalt beteiligte Größen. Komplemente bilden zusammen mit dem Verbalkomplex und den Supplementen die primären Komponenten des Satzes. Im Gegensatz dazu stehen **Adjunkte**, welche nicht obligatorisch vom Verb gefordert werden und deshalb freie Ergänzungen des Satzes bilden.

Kopula

Eine **Kopula** ist ein Hilfsverb wie z.B. „sein" oder „werden", welches das Subjekt des Satzes mit einem als Prädikat fungierenden Substantiv oder Adjektiv verbindet.

Lesart

Unter einer **Lesart** versteht man die Bedeutungsvariante eines mehrdeutigen Wortes oder einer mehrdeutigen Wortgruppe.

Maschinelle Übersetzung

Maschinelle Übersetzung ist der Prozess des automatischen Übersetzens einer Sprache in eine andere durch einen Computer. Dabei wird die Rechenkapazität des Computers benutzt, um die Struktur (Syntax) und Semantik jeder Aussage bzw. jedes Satzes des Ausgangstextes zu analysieren, diese Struktur in leicht übersetzbare Einheiten aufzuteilen und eine Aussage von gleicher Struktur und Semantik in der Zielsprache nachzukonstruieren. Es kann der Anspruch gestellt werden, die höchste Qualität von Übersetzung zu erreichen. Es gibt verschiedene Ansätze, diese Aufgabe zu lösen: Wort-für-Wort-Übersetzung, direkte Übersetzung, transferbasierte Übersetzung, Interlingua-basierte Übersetzung, wissensbasierte Ansätze, beispielbasierte Ansätze und die statistische Übersetzung.

Metapher

Eine **Metapher** oder ein **metaphorischer** Ausdruck ist ein bildhafter Ausdruck, der durch Bezeichnungsübertragung zwischen zwei Begriffen mit gemeinsamen Bedeutungskomponenten zustande kommt.

Nominalphrase

Eine **Nominalphrase** (Abkürzung **NP**) ist eine Phrase, die syntaktisch und semantisch durch ein Nomen bestimmt wird. Sie füllt im Satz entweder Subjekt- oder Objektfunktion aus, kann aber auch Teil von Präpositionalphrasen sein.

Paraphrase

Paraphrasierung ist die Umformung/Umformulierung eines sprachlichen Ausdrucks (einer Phrase, eines Satzes) in einen bedeutungsgleichen (synonymen) Ausdruck, die**Paraphrase**.

Phrase

Eine **Phrase** ist ein syntaktisch in sich geschlossener sprachlicher Ausdruck, dem eine Bedeutung zugeordnet werden kann.

Präpositionalphrase

Eine **Präpositionalphrase** (Abkürzung **PP**) ist ein natürlichsprachlicher Ausdruck, der syntaktisch die Form <Präposition> <Nominalphrase> besitzt.

Synonym

Zwei Ausdrücke heißen synonym oder **Synonyme**, wenn sie die gleiche Bedeutung haben. Im engeren Sinne (also unter Einbeziehung von Konnotationen, d.h. Nebenbedeutungen) gibt es keine echte Synonymie. Im weiteren Sinne ist Synonymie die Identität der deskriptiven Bedeutung.

Valenz

Valenz ist die Fähigkeit eines Lexems (z.B. eines Verbs, Nomens, Adjektivs), seine syntaktische Umgebung vorzustrukturieren, indem es anderen Konstituenten im Satz Bedingungen bezüglich ihrer grammatischen Eigenschaften auferlegt. Unter Valenz versteht man also die Eigenschaft von Wörtern, bestimmte Ergänzungen zu fordern, die man als Leerstellen auffassen kann, die wiederum von anderen Konstituenten mit bestimmter syntaktisch-semantischer Funktion ausgefüllt werden müssen, damit eine vollständige sprachliche Einheit (z.B. ein Satz) entsteht. Valenz ist jedoch nicht rein syntaktisch, sondern hängt von der Semantik ab.

Vollverb

Als **Vollverben** bezeichnet man Verben, die im Gegensatz zu den Hilfsverben eine eigene lexikalische Bedeutung besitzen und Handlungen, Zustände oder Ereignisse beschreiben.

2.2 Funktionsverbgefüge: Begriffe und Definitionen

2.2.1 Erste Vorüberlegungen

Wofür ist die Feststellung, ob es sich bei einer Wortverbindung um ein Funktionsverbgefüge handelt oder nicht, überhaupt von Bedeutung? Zunächst, wie schon erwähnt, für die korrekte semantische Auswertung von natürlichsprachlichen Anfragen in sogenannten Frage-Antwort-Systemen (FAS), aber vor allem auch für die Maschinelle Übersetzung. Wenn nämlich das System nicht erkennen kann, daß das Verb in diesem Fall nicht die Bedeutung des Simplexverbs hat (in der Literatur auch als Vollverb oder Basisverb bezeichnet)[1], sondern als Funktionsverb bzw. Streckverb[2] gebraucht wird, dann kann es keine korrekte Übertragung in die Zielsprache erzeugen.

Beispiele hierfür sind Sätze wie:

„Der Richter kommt zur Verhandlung." vs. „Der Fall kommt zur Verhandlung."
„Der Vater bringt den Tisch zum Rasen." vs. „Das Kind bringt den Vater zum Rasen."
„Das Haus steht auf einer Wiese." vs. „Das Haus steht zum Verkauf."

Die zahlreichen gegensätzlichen Thesen in der Literatur zur Existenz an sich sowie zu den syntaktisch-semantischen Eigenschaften und Funktionen der Funktionsverben sowie der Funktionsverbgefüge erscheinen zunächst schwer nachvollziehbar und tragen nicht gerade zur besseren Übersicht über dieses komplexe Thema bei.

Die Ursache dieser kontroversen Diskussion liegt möglicherweise in der Vergangenheit, wie Peter Eisenberg [Eis06] im Zusammenhang mit seiner Kritik an der seines Erachtens viel zu einseitigen „Betonung des engen Verhältnisses von FVG und einfachen Verben" in der Literatur feststellt:

„Diese Übergeneralisierung eines teilweise bestehenden Zusammenhangs hat ausserlinguistische Gründe. Die FVG sind ein Zankapfel zwischen Sprachkritik und Sprachwissenschaft. Bevor sie einer eigentlichen grammatischen Analyse zugänglich wurden, mussten sie erst einmal der vorschnellen Bewertung durch eine Sprachkritik entzogen werden, die in ihnen nicht viel mehr als Ausdruck inhaltsleerer Aufblähung sehen konnte. Sämtliche einschlägigen Vokabeln vom seelenlosen Bürokratentum bis zum Verlust an Sinnlichkeit im technischen Zeitalter sind in diesem Zusammenhang gefallen. Polenz' (1963) Apologie der FVG konzentrierte sich daher zunächst auf die Durchdringung des Zusammenhangs zwischen FVG (>Nominalstil<) und Verben. Das Ergebnis war (natürlich), dass beide keineswegs dasselbe leisten (s.u.). Dennoch war der Blick erst einmal besonders auf das Verhältnis zum

---

[1]engl. full verb, basic verb oder main verb

[2]engl. light verb bzw. support verb

einfachen Verb gerichtet." ([Eis06] S. 312)

Jedoch gibt es in letzter Zeit auch einen völlig anderen Ansatz seitens der allgemeinen und vergleichenden Linguistik, wonach die Funktionsverben keineswegs „ausgebleichte" Vollverben darstellen, sondern es je nach Sprache etwa fünf bis zwanzig Verben gibt, die **entweder** als Funktionsverben **oder** als Vollverben in Erscheinung treten können, je nachdem, welche Funktion sie im Text zu erfüllen haben. Hierbei handelt es sich um ganz bestimmte Verben, die quer durch alle Sprachen vorhanden sind.

Dies sind insbesondere die Verben für **„kommen"**, **„gehen"**, **„nehmen"**, **„schlagen"**, **„werfen"**, **„geben"**, **„aufstehen"**, **„fallen"**, und **„tun"** bzw. **„machen"**. ([But04] S.18)

Diese Teilmenge von Verben könnte man demnach als eine Art **„Passepartouts"** ansehen, deren lexikalisch-semantische Eigenschaften so allgemein sind, daß sie in einer Vielzahl von Kontexten verwendbar sind bzw. in zahlreiche verschiedene Konstellationen hineinpassen. ([But04] S.18)

Besonders hervorgehoben wird bei diesem Erklärungsversuch für die Existenz von Funktionsverben und Funktionsverbgefügen, daß sie dazu dienen, den durch das entsprechende einfache Verb beschriebenen Vorgang stärker zu strukturieren oder zu modulieren und hierbei insbesondere die kausative und die telische Aktionsart auszudrücken. ([But03] S.3)

Schließlich werden in diesem Zusammenhang die Funktionsverben als eine eigene **syntaktische Klasse** bezeichnet, die leicht zu identifizieren ist: Sie haben klar definierte syntaktische Eigenschaften, verbunden mit einem klar definierten - wenn auch schwer charakterisierbaren - Beitrag zur Semantik. [But03]

Mehrwort-Prädikate

Wie in der Literatur öfters erwähnt, z.B. in einer Abhandlung über die automatische Erkennung von sogenannten **Mehrwort-Prädikaten** (multiword predicates, abgekürzt MWP) [Faz05], gibt es eine generelle Tendenz in den Sprachen, diese Mehrwort-Prädikate bevorzugt um sehr häufige Verben herum zu bilden, die ihrerseits dazu neigen, einen Metaphorisierungs-Prozeß zu durchlaufen.

Diese hier als „basic verbs" bezeichneten Verben beziehen sich typischerweise auf zentrale Zustände oder Handlungen im menschlichen Leben, also z.B. **„legen"**, **„geben"**, **„stellen"**, **„setzen"**, und ähnliche Verben.

Ihr **metaphorischer Gebrauch** erzeugt eine ganze Reihe von erweiterten Bedeutungen, wie etwa

„Wert *legen*", zur Last *legen*, Nachdruck *legen*
„einen Befehl *geben*", den Vorzug *geben*, Nachricht *geben*
„unter Beweis *stellen*", in Frage *stellen*, zur Rede *stellen*
„in Kenntnis *setzen*", „unter Druck *setzen*", in Brand *setzen*
„eine Rede *halten*", Einzug *halten*, in Gang *halten*
„in Betrieb *nehmen*", „zur Kenntnis *nehmen*", „Rache *nehmen*" usw.

Auf diese Weise ergibt sich aus derartigen Simplexverben, in Kombination mit den verschiedensten Arten von Komplementen, eine große Vielfalt an Mehrwort-Prädikaten und an verbonominalen Kombinationen bzw. Funktionsverbgefügen als Teilmenge der Mehrwort-Prädikate. Hierbei gibt es einen gleitenden Übergang vom weniger bildhaften zum stärker bildhaften Gebrauch bis hin zur höchsten Steigerung an Bildhaftigkeit, nämlich den idiomatischen Wendungen.

Mehrwort-Prädikate bzw. Funktionsverbgefüge sind in vielen Sprachen weit verbreitet. Außer im Deutschen findet man sie auch im Englischen, im Französischen, Spanischen, Finnischen, Persischen, Chinesischen, Japanischen, Urdu und Hindi, wobei diese Aufzählung keineswegs erschöpfend ist.[3]

Abzugrenzen von den Mehrwort-Prädikaten bzw. den Funktionsverbgefügen sind die sogenannten Partikelverben, die ihrerseits eine weitere Untermenge der Mehrwort-Prädikate bilden und innerhalb der verschiedenen Sprachen weniger weit verbreitet sind. [Faz05]

Wegen der gleitenden Übergänge von den reinen Kollokationen mit wörtlicher Bedeutung ihrer einzelnen Bestandteile über die metaphorischen Ausdrücke bis hin zu den idiomatischen Wendungen können Mehrwort-Prädikate bzw. Funktionsverbgefüge in Sprachverarbeitungssystemen nicht einheitlich behandelt werden. Denn einerseits ist die unterschiedliche Semantik von bildhaften Ausdrücken abhängig vom Grad der Bedeutungsverschiebung ihrer Simplexverben in Bezug auf ihre Grundbedeutung, andererseits jedoch können auch Wendungen, die als idiomatisch angesehen werden, hinsichtlich ihrer semantischen Transparenz graduelle Unterschiede aufweisen.

Die Frage, an welcher Stelle dieses gleitenden Übergangs von wörtlicher zu bildhafter und zu idiomatischer Semantik sich eine solche verbonominale Kombination

---

[3]cf. Kapitel 7

bzw. ein Funktionsverbgefüge befindet, ist ein grundsätzliches und offenbar noch ungelöstes Problem bei der Erforschung der lexikalischen Eigenschaften der Funktionsverbgefüge. [Faz05]

Syntaktisch-semantische Merkmale der Funktionsverbgefüge

Funktionsverbgefüge sind semantisch zerlegbarer als Idiome, aber weniger zerlegbar als gewöhnliche Nomen-Verb-Verbindungen (Kollokationen)und liegen somit semantisch in der Mitte zwischen Idiomen und Kollokationen.

Bei den Funktionsverbgefügen trägt normalerweise das Nomen mit seiner wörtlichen Bedeutung zum Ausdruck bei, während das Funktionsverb seine mehr oder weniger übertragene Bedeutung beisteuert. Da ein Funktionsverb aber innerhalb einer Wortverbindung auch in seiner Grundbedeutung vorkommen kann, ist die Feststellung, ob das Verb in einem übertragenen Sinne verwendet wird, wichtig für die Entscheidung, ob es sich bei einer Wortverbindung um ein Funktionsverbgefüge oder um eine gewöhnliche Kollokation handelt. [Faz05]

Ein syntaktisches Merkmal, das die Funktionsverbgefüge von anderen Wortverbindungen abhebt, ist ihre Trennbarkeit bzw. die Bildung von Satzklammern. Dadurch weisen sie sich als eine besonders enge Verbindung von Verb und Nomen aus. Allerdings gibt es solche engen Verb-Nomen-Verbindungen nicht nur bei den Funktionsverbgefügen. [Win95]

Zwar ist die Abgrenzung von Funktionsverbgefügen gegenüber gewöhnlichen Wortverbindungen oft sehr schwierig und in der linguistischen sowie germanistischen Literatur teilweise äußerst umstritten, jedoch werden dort durchaus auch eine Reihe von Möglichkeiten zur Differenzierung und Abgrenzung sowie einfache Testverfahren zur Disambiguierung aufgeführt und beschrieben.

Abgrenzungsmerkmale gegenüber freien Nomen-Verb-Verbindungen

Für die Abgrenzung gegenüber den freien Nomen-Verb-Verbindungen, den sogenannten reinen Kollokationen, gibt es neben der starken semantischen Reduzierung des Verbs noch weitere, vorwiegend syntaktische Merkmale, wie beispielsweise eine eingeschränkte Referenzierbarkeit, eine eingeschränkte attributive Erweiterbarkeit, eine eingeschränkte Anaphorisierbarkeit, eine eingeschränkte Pluralisierungsmöglichkeit, einen festgelegten Artikel-Gebrauch und eine äußerst eingeschränkte Erweiterbarkeit durch einen attributiven Relativsatz.

Hierbei gilt gemäß Afsaneh Fazly [Faz05] ganz allgemein die Regel, daß der Grad der syntaktischen Freiheit bei der Behandlung des direkten Objekts im Funktionsverbgefüge unmittelbar den Grad der Erhaltung der ursprünglichen Bedeutung des Funktionsverbs und damit auch seinen Beitrag zur semantischen Zerlegbarkeit des Funktionsverbgefüge widerspiegelt.

Eine ähnliche Einschätzung findet sich in bei Ryan North in seiner Studie über die automatische Meßbarkeit der Akzeptanz von Funktionsverbgefügen ([Nor05]S. 8), wobei er von der Annahme einer graduell unterschiedlichen „Leichtigkeit"(lightness) der Funktionsverben (engl. „light verbs") ausgeht, beginnend beim „schweren" (engl. heavy) Verb, d.h. dem in seiner wörtlichen Bedeutung gebrauchten Verb, bis hin zur völlig Abstraktion hiervon, dem „leichten" (engl. light) Verb.

Diese graduellen Unterschiede in den syntaktischen Einschränkungen werden durch folgende Beispiele [Nor05] demonstriert:

1. „Er *gab* ihr ein *Buch*." (freie Nomen-Verb-Verbindung, hier: ein realer Gegenstand wird in den Besitz übergeben.)

2. „Er *gab* ihr einen *Rat*." (Funktionsverbgefüge mit semantisch leicht reduziertem Funktionsverb , hier: etwas Abstraktes wird übermittelt, jedoch gibt es keinen neuen Besitzer.)

3. „Er *gab* ihr einen *Kuß*." (Funktionsverbgefüge mit stark reduziertem Funktionsverb , hier: völlige Abstraktion, weder eine Übergabe noch ein neuer Besitzer.)

Als verläßlichster Test für die Feststellung, ob man ein Funktionsverbgefüge oder eine gewöhnliche Kollokation vor sich hat, wird allgemein in der Literatur der Test auf Erfragbarkeit angesehen. Laut Dominique Batoux [Bat00] ist es sogar der einzige wirklich zuverlässige Test für die Abgrenzung von Funktionsverbgefügen gegenüber freien Nomen-Verb-Verbindungen und für die Abgrenzung von Funktionsverben gegenüber Vollverben. Alle anderen Tests hingegen seien nicht ausnahmslos für sämtliche Funktionsverben gültig und anwendbar.

Bei einem Funktionsverbgefüge im engeren Sinne ist es nämlich nicht möglich, die nominale Komponente zu erfragen, während dies bei einer Kollokation mit einem Vollverb ohne weiteres möglich ist.

Wenn jedoch nach dem Nomen nicht gefragt werden kann, es also nicht „erfragbar" ist, dann kann es auch nicht - z. B. durch einen Relativsatz - von seinem (Funktions)-Verb abgetrennt werden. Das jedoch heißt nichts anderes, als daß dieses Nomen mit seinem (Funktions)-Verb eine Einheit bildet, also eben tatsächlich ein Funktionsverbgefüge vorliegt und nicht etwa eine reine Kollokation. [Bat00],

[Kuh94], [Win05] et alii.

Dies soll anhand der folgenden Beispiele aus der Studie von Batoux [Bat00] gezeigt werden.

Keine Erfragbarkeit des Nomens im Funktionsverbgefüge:

Kai hat Mathilde *eine Frage gestellt*. - *Was* hat er ihr gestellt?

Kai hat seinen Dank *zum Ausdruck gebracht*. - *Wozu/Wohin* hat er seinen Dank gebracht?

Erfragbarkeit des Nomens in freien Kollokationen:

Kai hat *das Buch* auf den Tisch gestellt. - *Was* hat er auf den Tisch gestellt?

Kai hat das Buch *zum Lehrer* gebracht. - *Zu wem/Wohin* hat er das Buch gebracht?

Abgrenzungsmerkmale gegenüber idiomatischen Wendungen

Entscheidendes Merkmal für die Abgrenzung der Funktionsverbgefüge gegenüber den idiomatischen Wendungen ist die viel stärker ausgeprägte **Zerlegbarkeit** (engl. compositionality) der Funktionsverbgefüge in ihre einzelnen Bestandteile. Dagegen wird bei den Idiomen dem gesamten Ausdruck eine Semantik zugewiesen, z.B. dem Idiom *„ins Gras beißen"* in der Bedeutung *„sterben"*. [Kre04]

Auch können Idiome nur als Ganzes **modifiziert** werden, wie z.B. in dem Satz *„Früher oder später beißen wir alle ins Gras"* in der Bedeutung *„Früher oder später sterben wir alle"*. [Kre04]

Außerdem ist für sehr viele Funktionsverbgefüge geradezu typisch die Existenz eines Verbs, dessen Bedeutung weitgehend mit der des nominalen Komplements im Funktionsverbgefüge übereinstimmt und mit dem das Funktionsverbgefüge **paraphrasiert** werden kann. Dieses Verb wird vielfach in der Literatur und auch in dieser Arbeit und in den Tabellen im Anhang als „**Basisverb**" (abgekürzt BV) bezeichnet. [Hel01b], [Kre04]

Kollokation vs. Funktionsverbgefüge vs. Idiom

Die Funktionsverbgefüge sind oft quasi die Vorläufer von mehr bildhaften Ausdrücken (Bsp.: „auf die Nerven gehen", „auf den Nerv gehen", „auf den Geist gehen", „auf den Keks gehen"', „auf den Wecker gehen" usw.). Es scheint demnach einen fließenden Übergang zu geben von Funktionsverbgefügen mit einem Verbalabstraktum im Nominalteil über solche mit einem Konkretum im Nominalteil bis hin zu solchen mit einem metaphorisch gebrauchten Konkretum im Nominalteil. Dies ist bei Funktionsverben, die eine starke Reihenbildung aufweisen, vermutlich durch Analogie bei der Bildung von Funktionsverbgefügen zu erklären.

Jonas Kuhn [Kuh94] faßt die Funktionsverbgefüge mit den Idiomen zusammen zu sogenannten „phraseologischen Mehrwortverbindungen, also Verbindungen, deren Gesamtbedeutung sich nicht ohne weiteres kompositionell aus der Standardbedeutung der beteiligten Lexeme erschließt." Bei den idiomatischen Wendungen steht laut Kuhn die wörtliche Bedeutung der Teile nur noch in indirektem Zusammenhang mit der Bedeutung des Ganzen. Dagegen steuert bei den Funktionsverbgefügen nur ein Teilglied (die Nominalphrase bzw. die Präpositionalphrase) seine wörtliche Bedeutung bei, während die anderen beteiligten Einheiten (das Funktionsverb) ihre eigentliche Bedeutung verloren haben. [Kuh94]

Gemäß der Studie von Heike Winhart über die deutschen Funktionsverbgefüge [Win05] wären gewisse lexikalisierte Funktionsverbgefüge wie z.B. „den Garaus machen" dennoch keine Idiome, da sie nicht unveränderlich und somit als semantische Einheit zu sehen sind, sondern syntaktischen Prozessen unterworfen werden können, wie z.B. Aktiv-Passiv-Bildung. Hier wird unterschieden zwischen idiomatischen, lexikalisierten und produktiven Funktionsverbgefügen . ([Win05] S.17)

Für die Abgrenzung der Funktionsverbgefüge gegenüber den reinen Kollokationen auf der einen und den Idiomen auf der anderen Seite werden in der linguistischen und germanistischen Literatur mehrfach dieselben Testverfahren aufgeführt. Allerdings wird auch von fast allen Autoren betont, daß keiner dieser Tests ausnahmslos gültige Ergebnisse liefert. [Kuh94], [But04], [Bat00]

Brigitte Krenn [Kre04] schlägt daher einen von ihr extra für die Identifikation von deutschen Funktionsverbgefügen entworfenen Entscheidungsbaum als Abgrenzungsverfahren vor.

Die einzelnen in der Literatur immer wieder (z.B. in [Kuh94], in [Bat00], in [Win05], in [Hel01b], in [Lan05], in [Cal02]) zur Abgrenzung und Identifizierung von Funktionsverbgefügen aufgeführten Kriterien und vorgeschlagenen Testverfahren sind im wesentlichen folgende:

- 1. Erfragbarkeit (nicht gegeben beim FVG)
- 2. Passivierbarkeit (stark eingeschränkt beim FVG)
- 3. Referenzierbarkeit (nicht gegeben beim FVG)

- 4. Pluralisierbarkeit
- 5. Zerlegbarkeit (nicht gegeben beim FVG)
- 6. Anaphorisierbarkeit (stark eingeschränkt beim FVG)
- 7. Artikelgebrauch (Restriktionen beim FVG)
- 8. Numerus (Opposition beim Nomen im FVG aufgehoben)
- 9. Attributierbarkeit (äußerst eingeschränkt beim FVG)
- 10. Erweiterung durch attributiven Relativsatz (sehr eingeschränkt beim FVG)
- 11. Negation mit „nicht" oder „kein" weitgehend festgelegt beim FVG
- 12. Keine Trennung von FVG-Nomen und FV durch „nicht" möglich beim FVG im eingeleiteten Nebensatz
- 13. FVG-Nomen obligatorisch (bei Eliminierung ungrammatische oder semantisch veränderte Sätze)
- 14. Übergang vom Vollverb zum Funktionsverb ergibt quantitativ und qualitativ neue Valenzeigenschaften
- 15. FVG-Nomen als vorrangiger Träger der lexikalischen Bedeutung auch Haupt-Valenzträger im Satz
- 16. Funktionsverb und FVG-Nomen bilden jeweils Kommutationsreihen
- 17. Keine Substituierbarkeit des Funktionsverbs durch ein bedeutungsähnliches Verb
- 18. Substituierbarkeit des Funktionsverbgefüge durch das entsprechende Vollverb oder Adjektiv + Kopula
- 19. FVG-Nomen ist Verbalabstraktum oder Adjektivabstraktum
- 20. Permutierbarkeit der nominalen Komponente im Funktionsverbgefüge
- 21. Nominalisierung des Funktionsverbgefüges möglich (zumindest bei lexikalisierten Funktionsverbgefügen)
- 22. Keine Nominalisierung des Funktionsverbs möglich
- 23. Zeugma-Test negativ (allenfalls bei semantisch ähnlichen Funktionsverbgefügen möglich)
- 24. Eliminierbarkeit des Funktionsverbs (im abhängigen Satz)
- 25. Wechselseitige Substituierbarkeit von Adverb und Adjektiv beim FVG-Nomen

- 26. Komplemente können gleichzeitig vom Funktionsverb und vom Nomen im Funktionsverbgefüge abhängen

- 27. Wörtliche Übersetzung des Funktionsverbgefüges meist nicht möglich

Zu fast allen dieser Kriterien gibt es jedoch Ausnahmen, so daß sie nur als Anhaltspunkte für Abgrenzungsüberlegungen dienen können. Darauf wird auch von den meisten Autoren ausdrücklich hingewiesen.

2.2.2 Definitionen in der linguistischen Literatur

Bereits die zahlreichen verschiedenen Bezeichnungen für Funktionsverben und Funktionsverbgefüge scheinen ein Hinweis darauf zu sein, daß es sich hier um ein vielschichtiges und keineswegs einhellig beurteiltes sprachliches Phänomen handelt.

Im Deutschen finden sich neben dem Begriff „**Funktionsverben**" auch die Bezeichnungen „**Streckverben**", „**Schwellverben**", „**verblaßte Verben**", „**aussagelose Verben**", „**Nominalisierungsverben**" und „**Stützverben**" und dementsprechend neben dem Begriff „**Funktionsverbgefüge**" auch die Bezeichnungen „**Funktionsverbfügung**", „**Funktionsverbformel**", „**nominale Umschreibung**", „**analytische Verbalverbindung**", „**Streckform**", „**Schwellform**", „**Streckverbgefüge**", „**Nominalisierungsverbgefüge**", „**Stützverbgefüge**" und „**Stützverbkonstruktion**". [Her68], [Kuh94], [Win95]

Manche deutsche Autoren verwenden den Begriff „Nominalisierungsverbgefüge" als Oberbegriff für Funktionsverbgefüge (u.a.[vP63], [Sto06b]), mit den Subklassen „Funktionsverbgefüge" und „Streckverbgefüge", meist werden die Begriffe jedoch synonym verwendet.

Im Englischen liest man neben „**support verbs**" auch von „**light verbs**" und entsprechend neben „**support verb constructions**" auch von „**light verb constructions**". Gelegentlich findet man die Bezeichnung „**collocational verb constructions**" (**CVC**) für die Funktionsverbgefüge. Sie wird unter anderem im deutschen TIGER-Korpus verwendet.

Der Begriff „**light verb**" wurde 1965 von dem englischen Grammatiker Otto Jespersen geprägt, der damit den semantischen Unterschied zum „**heavy verb**" mit seiner vollen Bedeutung betonen wollte. Denn eigentlich „nimmt" man ja keinen Spaziergang (*take* a walk), „gibt" man keinen Seufzer (*give* a sigh) und „hat" man keinen Rauch (*have* a smoke).

Gelegentlich finden sich für Funktionsverben in der angelsächsischen Literatur auch die Bezeichnungen „**stretched verb**", „**vector verb**", „**explicator verb**", „**thin verb**", „**semantically weak verb**" oder „**delexical verb**", wobei die letzteren drei Begriffe ebenso wie „**light verb**" die gewissermaßen fehlende Semantik der Funktionsverben hervorheben sollen.

Vereinzelt werden die Begriffe „**multiword predicates**" (**MWP**) sowie „**multiword expressions**" (**MWE**) in gleicher Bedeutung gebraucht, obwohl diese eigentlich Oberbegriffe für komplexe Prädikate ganz allgemein sind, also zum Beispiel auch für die sogenannten Partikelverben.

Im Französischen ist die Rede von „**verbes support**", „**constructions à verbe support**" (**CVS**) oder allgemeiner von „**locutions verbales**".

Das Funktionsverb : Beschreibung und Definitionen in der linguistischen Literatur

1.)

In der „Deutschen Grammatik" von **Gerhard Helbig** und **Joachim Buscha**, die die Funktionsverben und die Funktionsverbgefüge in einem eigenen Kapitel sehr ausführlich beschreibt, werden die Funktionsverben im Kapitel „Klassifizierung der Verben nach syntaktischen Kriterien" ([Hel01b]Kap.1.3) wie folgt definiert:

„Funktionsverben, die nur im Zusammenhang mit einem nominalen Bestandteil (Akkusativ oder Präpositionalgruppe) als lexikalischem Prädikatsteil vorkommen, der die hauptsächliche Bedeutung trägt und mit dem sie zusammmen (als „Funktionsverbgefüge") das Prädikat bilden."

An anderer Stelle heißt es ergänzend:

„Innerhalb des FVG üben die FV vorwiegend eine grammatische Funktion aus und haben ihre lexikalische Bedeutung weitgehend oder vollständig eingebüßt. Die eigentliche Bedeutung des Prädikats ist in die nominalen Glieder außerhalb des FV (vor allem in Präpositionalgruppen und Akkusative) verlagert, die Verbal- bzw. Adjektivabstrakta sind und in der lexikalischen Bedeutung den entsprechenden Basisverben bzw. -adjektiven nahestehen bzw. entsprechen.

Obwohl die als FV auftretenden Verballexeme in anderen Kontexten auch als gleichlautende Vollverben vorkommen können, haben sie als FV im FVG ihren semantischen Gehalt stark reduziert, haben ihre lexikalische Bedeutung eingebüßt und sind zu *grammatischen* Wörtern (wie die Hilfsverben) geworden.(...) Der *Grammatikalisierung* der FV entspricht eine *Lexikalisierung* des gesamten FVG. [Hel01b]

Weiter unten wird allerdings betont, daß das Funktionsverb im Funktionsverbgefüge „eine bestimmte - wenn auch sehr allgemeine - Bedeutung bewahrt, die zur Reihenbildung führt:

in Frage / zum Ausdruck / zum Ausbruch / zur Ruhe / zum Abschluss / zur Anwendung *kommen*

Abstand / Einblick / Einfluss / Rücksicht / in Besitz / in Empfang / zu Hilfe *nehmen*".[Hel01b]

2.)

In seinem „Grundriss der deutschen Grammatik" behandelt **Peter Eisenberg** in dem Kapitel 9.5 ausführlich das Thema „Funktionsverben und Funktionsverbgefüge", wobei er allerdings nur Konstruktionen mit einer Präpositionalgruppe als Funktionsverbgefüge ansieht.

Ausgeklammert werden von ihm Konstruktionen mit den Kopulaverben „sein" und „haben", wie etwa „in Aufregung sein" oder „zur Verfügung haben". Diese werden - wie bereits erwähnt - auch von mir nicht als Funktionsverben angesehen und daher hier nicht weiter behandelt.

Erstaunlicherweise werden jedoch auch Konstruktionen wie „Kenntnis bekommen" oder „einem Irrtum unterliegen" aus der Betrachtung ausgeschlossen. Allerdings wird dies nicht näher begründet, sondern nur vermerkt, es seien „Konstruktionen mit >ausgebleichter< Bedeutung, die ein Nominal im Akk oder Dat regieren. Ein Funktionsverb im engeren Sinne haben diese Konstruktionen nicht." [Eis06]

Vermutlich geht Eisenberg hierbei von einem relativ eng gefaßten Begriff von Funktionsverben aus, indem er - in Abweichung von vielen anderen Autoren - eine Unterscheidung trifft zwischen Funktionsverben und Nominalisierungsverben.

Funktionsverben definiert Eisenberg als zweistellige Verben mit Subjekt und präpositionalem Objekt (z. B. **kommen, stehen, geraten**) oder als dreistellige Verben mit Subjekt, direktem und präpositionalem Objekt (z. B. **bringen, setzen, stellen**). Er fährt fort:

„Alle diese Verben haben eine lokale bzw. direktionale Grundbedeutung, sind hier aber offenbar in einer abgeleiteten Bedeutung verwendet. Weil die abgeleitete Bedeutung mit einem charakteristischen syntaktischen Verhalten zusammengeht, fasst man die Verben unter einer besonderen Bezeichnung zusammen und nennt sie *Funktionsverben* (Polenz 1963). Sollte sich >Funktionsverb< (FV) als grammatische Kategorie erweisen, wäre sie als Wortkategorie neben den Vollverben, Kopulaverben und Modalverben anzusiedeln. Zu den Charakteristika der Funktionsverben gehört eine besonders enge Bindung an die Präpositionalgruppe. Funktionsverb und PrGr bilden gemeinsam ein sogenanntes Funktionsverbgefüge (FVG)." [Eis06]

3.)

In ihrer Dissertation über Funktionsverbgefüge im Deutschen anhand korpusgestützter Daten[4] betont **Heike Winhart**, daß es sich bei den sogenannten Funktionsverben ihrer Ansicht nach keineswegs um eine selbständige Klasse von Verben, sondern durchweg um „non-manner"-Verben handelt und daß sich nur wenige der entsprechenden Vollverben detransitivieren oder dedirektionalisieren lassen. Außerdem zeigt sie, daß die Funktionsverben, also der verbale Teil der Funktionsverbgefüge, die grammatikalischen Eigenschaften der entsprechenden Vollverben besitzen und daß auch die Nominalisierungen innerhalb der Funktionsverbgefüge sich analog zu Nominalisierungen außerhalb von Funktionsverbgefügen verhalten. [Win95]

Der in der Literatur verbreiteten These, die Funktionsverben seien „semantisch reduzierte" Verben, wird von der Autorin entschieden widersprochen. Statt dessen wird die in Funktionsverbgefügen zu beobachtende enge semantische Verbindung zwischen dem „Funktionsverb" und seinen Argumenten auf die (partielle) Übereinstimmung der semantisch-lexikalischen Strukturen von Verb und Nominalisierung zurückgeführt, durch die sich eine Übereinstimmung der thematischen Rollen ergibt. Damit sind auch die unterschiedlichen Verhaltensweisen bei akkusativischen und präpositionalen Funktionsverbgefügen erklärt. [Win95]

Anstelle einer Definition des Begriffs „Funktionsverb", die es aus ihrer Sicht ohnehin nicht geben kann, da die Funktionsverben keine klar definierbare Klasse von Verben darstellen, beschränkt sich Winhart auf eine Beschreibung ihrer Eigenschaften und auf die Einteilung der Funktionsverben in verschiedene Verbklassen.

So lasse sich der Hauptteil der in der Literatur aufgezählten Funktionsverben einordnen unter Verben des Besitzes bzw. Besitzwechsels im weitesten Sinne (**geben, besitzen, bekommen, haben**) und Verben der räumlichen Bewegung und Lokalisierung (**sich befinden, bleiben, bringen, gehen, gelangen, kommen, liegen, sein, setzen, stehen, stellen, treffen, treten, versetzen, ziehen**). [Win95]

Es folgt eine weitere Differenzierung der Funktionsverben bzw. der ihnen zugrunde liegenden Vollverben in die folgenden Kategorien:

---

[4]benützt wurde das COSMAS System des Instituts für deutsche Sprache, Mannheim

- Transportverben: **bringen, führen, tragen**

- Ortsveränderungsverben: **setzen, stellen, versetzen, nehmen**

- Bewegungsverben: **gelangen, geraten, kommen, gehen**

- Situierungsverben: **befinden, bleiben, liegen, sein, stehen**

- Besitzwechselverben: **bekommen, erhalten, erteilen, geben**

- Besitzverben: **haben, halten**

- Kreationsverben: **machen**

4.)

Brigitte Krenn definiert Funktionsverben in ihrer Anleitung zur Identifikation von Funktionsverbgefügen [Kre04] wie folgt:

„**Funktionsverben** sind Verben, die im Vergleich zu ihren Vollverbäquivalenten ihre Kernbedeutung aufgegeben oder verloren haben und vor allem Aktionsart und Kausativität ausdrücken.

Es lassen sich eine Reihe von typischen Funktionsverben identifizieren, z.B.: *gehen, nehmen, setzen, sein, bleiben, lassen, kommen, bringen, stehen, stellen, geraten, etc.* Eine vollständige Aufzählung von Funktionsverben ist jedoch nicht möglich, da die Verwendung von Vollverben als Funktionsverben produktiv ist." [Kre04]

5.)

Achim Stein kritisiert in seinem Beitrag zur Valenz komplexer Prädikate [Ste96] zunächst, daß die traditionelle germanistische Valenztheorie das Problem der Verb-Substantiv-Verbindungen eher durch Ausgrenzung als durch Beschreibung lösen würde.

Unter Kritik am Ansatz und den seines Erachtens nicht überzeugenden Beispielen von Gerhard Helbig [Hel84] fährt er fort: „Was die Semantik des Funktionsverbs angeht, so kann man sicher nicht pauschal von einem Verlust der Bedeutung sprechen:
Selbst stark grammatikalisierte Funktionsverben wie das Paradigma *sein, kommen, bringen* behalten zumindest einen Rest ihrer Grundbedeutung bei. Eine weitere Ungenauigkeit der oben zitierten Auffassung[5] liegt darin, daß das Funktionsverb undifferenziert mit dem „Vollverb" schlechthin verglichen wird, dem man eine „ursprüngliche" Valenz zuspricht. Die meisten der an Verb-Substantiv-Verbindungen

---

[5]gemeint ist hiermit [Hel84]

beteiligten Verben sind jedoch hochgradig polysem und verfügen daher über unterschiedliche Valenzrahmen." [Ste96]

Das Funktionsverbgefüge : Beschreibung und Definitionen in der linguistischen Literatur

1.)

In der „Deutschen Grammatik" von **Gerhard Helbig** und **Joachim Buscha** findet sich folgende Definition der Funktionsverbgefüge: „Ein FVG besteht aus einem FV und einem nominalen Bestandteil (in der Regel Substantiv im Akkusativ oder Präpositionalgruppe), die beide zusammen eine semantische Einheit darstellen und als solche das Prädikat bilden. Das FV kann nicht ohne den nominalen Teil des FVG vorkommen (und umgekehrt); dieser wird nach seinem Satzgliedcharakter als lexikalischer Prädikatsteil aufgefasst.

Diese semantische Einheit drückt sich auch darin aus, dass das FVG in der Bedeutung weitgehend einem Vollverb oder einem Adjektiv (+ Kopula) entspricht (die den gleichen Stamm haben wie das Nomen im FVG)." [Hel01b]

Im Anschluß an die Feststellung, daß der Grammatikalisierung der Funktionsverben eine Lexikalisierung des gesamten Funktionsverbgefüge entspricht, folgt: „Mit dieser Lexikalisierung des FVG hängt es zusammen, dass auch der semantische Gehalt der Präposition in präpositionalen Gruppen als nominalen Komponenten des FVG stark reduziert ist: Diese Präpositionen üben - ähnlich wie in Präpositionalobjekten - eine kasusartige Funktion aus." [Hel01b]

2.)

Laut **Peter Eisenberg**[Eis06] ist der Begriff „Funktionsverbgefüge" viel unklarer als der des Funktionsverbs selbst und bringt vor allem die besondere syntaktische Beziehung zwischen Präpositionalgruppe und Funktionsverb zum Ausdruck. Auf keinen Fall sei „Funktionsverbgefüge " eine grammatische Kategorie.

Nach seiner Ansicht hat die Präpositionalgruppe im Funktionsverbgefüge eine Pivot-Struktur mit der Präposition als festem und dem Nominal als beweglichem Teil, wobei die Position der Präposition zu über 90 Prozent von **in** oder **zu** besetzt wird und das typische Nominal ein deverbales Nomen Actionis ist. In diesem Fall seien Funktionsverbgefüge und Basisverb semantisch eng verwandt.

Allerdings gelte das längst nicht für alle Funktionsverbgefüge. Vielfach fehle dieser Bezug auf ein einfaches Verb oder es sei zumindest kein direkter Bezug vorhanden.

Daher könnte man Funktionsverbgefüge auch als Phraseolexeme bezeichnen. In der vorliegenden Arbeit werden die von Eisenberg hierzu aufgeführten Beispiele entweder als durch Vollverben paraphrasierbare Funktionsverbgefüge oder - in Übereinstimmung mit anderen Autoren - als nicht paraphrasierbare Funktionsverbgefüge, d.h. eine „lexikalische Lücke" schließende Funktionsverbgefüge, bezeichnet.

3.)

In seiner Abhandlung „Die Behandlung von Funktionsverbgefügen in einem HPSG-basierten Übersetzungsansatz" gibt **Jonas Kuhn** die folgende Definition des Begriffs „Funktionsverbgefüge":

„Ein Funktionsverbgefüge ist eine Wortverbindung aus Funktionsverb und nominalem Bestandteil, deren begriffliche Gesamtbedeutung sich aus dem nominalen Bestandteil erschließt. Das Funktionsverb trägt lediglich allgemeine semantische Information wie Tempus, Aspekt, Aktionsart und Kausation bei." [Kuh94]

Laut Kuhn bilden die Funktionsverbgefüge eine „recht heterogene" Gruppe mit vielen Ausnahmen, die eine präzise Analyse erschweren. [Kuh94]

Daher schlägt er eine Einteilung der Funktionsverbgefüge nach folgenden Kriterien vor und belegt diese ausführlich mit Beispielen:

- semantische Differenzierungen: Aktionsart, Kausation;
- morphosyntaktische Ausprägung;
- Artikelgebrauch;
- Abbildung der Argumentstruktur des Nomens auf die des Funktionsverbs;
- Referenzfähigkeit des Nomens und Festigkeit der Wortverbindung.

4.)

Heike Winhart betrachtet in ihrer Dissertation über Funktionsverbgefüge im Deutschen diese „Verbindungen aus Verb und Nominalisierung" als „reguläre Konstruktionen, die allerdings aufgrund ihrer engen semantischen Bindung zum einen besonders durchlässig für Extraktion sind (*auf etwas eine Antwort geben, über etwas ins Grübeln geraten*), zum anderen zu Inkorporationsverhalten im weiten Sinne neigen (*Bezug nehmen, zur Vollendung bringen*)." [Win95]

Den entscheidenden Unterschied, der die Funktionsverbgefüge aus vergleichbaren Konstruktionen heraushebt, sieht Winhart in der im FVG enthaltenen Nominalisierung. Da das der Nominalisierung zugrunde liegende Verb oder Adjektiv eine Argumentstruktur hat, können diese Argumente mit den Argumenten des Funktionsverbs assoziiert werden und dadurch ist dann die Paraphrasierung des Funktionsverbgefüges durch das Basisverb oder das Basisadjektiv in Verbindung mit einer Kopula möglich. [Win95]

Die enge Verbindung zwischen Verb und Nominalisierung wird also auf die Übereinstimmung der lexikalisch-semantischen Strukturen zurückgeführt, die eine Übereinstimmung der thematischen Rollen herbeiführt. Dies führt gemäß Winhart zu unterschiedlichen Verhaltensweisen bei akkusativischen und präpositionalen Funktionsverbgefügen.

Akkusativische Funktionsverbgefüge:
Bei akkusativischen Funktionsverbgefügen ist das Subjekt des Verbs gleichzeitig das Subjekt der durch das Nomen ausgedrückten Relation. Dadurch ergibt sich eine Urheberrelation, durch die Kontraste beim Extraktionsverhalten wie zwischen *eine Antwort geben* und *eine Antwort widerlegen* erklärt werden können. [Win95]

Präpositionale Funktionsverbgefüge:
Bei präpositionalen Funktionsverbgefügen ist die Assoziation der Rollen des Verbs und der Nominalisierung entscheidend für die Interpretation. Die sogenannten Funktionsverben verbinden sich in verschiedenen Lesarten mit verschiedenen Sorten einer Nominalisierung. [Win95]

5.)
Angelika Storrer unterscheidet in Anlehnung an von Polenz [vP63] in ihrer Abhandlung über die Funktionen von Nominalisierungsgefügen im Text [Sto06b] zwischen Nominalisierungsverbgefügen (NVG) und Funktionsverbgefügen (FVG), wobei letztere eine Subklasse der NVG seien, die sich „durch eine systematisch beschreibbare Eigenbedeutung" auszeichnen. Gemeint ist hiermit eine „systematisierbare grammatische Funktion, z.B. Aspektwechsel oder Passivierung". [Sto06b]

Damit bestünden die Nominalisierungsverbgefüge insgesamt einerseits aus den Funktionsverbgefügen und andererseits aus ihrer weniger präzise definierbaren Komplementärmenge, nämlich denjenigen Nominalisierungsverbgefügen, die sich nicht durch grammatische Funktionen von den entsprechenden Basisverbkonstruktionen unterscheiden. [Sto06b]

Allerdings weist sie selbst darauf hin, daß nicht alle Autoren diese Unterscheidung zwischen NVG und FVG treffen, sondern meistens ein weiter gefaßter Begriff von Funktionsverbgefügen zugrunde gelegt wird.

6.)

Brigitte Krenn betont in ihrem „Manual zur Identifikation von Funktionsverbgefügen und figurativen Ausdrücken in PP-Verb-Listen" zunächst, daß „Lexikalische Kollokationen Grenzphänomene sind, die mehr oder weniger und auf unterschiedliche Weise mit den generativen Regeln der Sprache brechen" und fährt dann fort: „Funktionsverbgefüge (FVG) sind spezielle Verb-Objekt Kollokationen und setzen sich aus einem sogenannten prädikativen Nomen und einem Funktionsverb zusammen. Die Funktion eines Funktionsverbgefüges ist die eines Prädikates. Entsprechend können FVG oft mit einem Hauptverb paraphrasiert werden, z.B. *zu Besuch kommen* ≡ *besuchen* (Hauptverb). Hier ist zu bemerken, daß das prädikative Nomen vom Hauptverb abgeleitet ist *besuchen* → *Besuch*. Andere FVG können mittels einer Adjektiv-Kopula-Konstruktion paraphrasiert werden *in Kraft treten* ≡ *wirksam werden* (Adjektiv-Kopula). Einige FVGs sind aktive Paraphrasen von Passivkonstruktionen wie z.B. *zur Anwendung kommen* (FVG, aktiv) ≡ *angewandt werden* (Hauptverb, passiv).

Das **prädikative Nomen** ist ein abstraktes Nomen und bezeichnet eine Aktion, ein Ereignis oder einen Zustand. (...) Ein wesentlicher Aspekt von FVG ist, daß die Realisierung des Argumentrahmens im Vergleich zum Verb bzw. Nomen im FVG variiert." [Kre04]

7.)

In seiner Studie zur Valenz komplexer Prädikate beschreibt **Achim Stein** die Funktionsverbgefüge wie folgt: „Bei ihnen bilden Verb und prädikatives Substantiv gemeinsam das Prädikat des Satzes. Das Substantiv trägt den größten Teil der semantischen Merkmale, das Verb dient als Aktualisator und fügt Kategorien wie Tempus, Aktionsart und Kausativität hinzu.

Zum einen gibt es Substantive, die nur mit einem oder zwei bestimmten Verben kombinierbar sind (Abschied/Einblick/Notiz *nehmen*, Anklage/Protest/Vorwürfe *erheben*, in Anspruch *nehmen*), zum anderen verbinden sie sich mit einem weitgehend stabilen Paradigma von Verben, die die verschiedenen Aktionsarten realisieren (..). Weitere regelmäßige Beziehungen bestehen zwischen aktiven und passiven Konstruktionen (...)." [Ste96]

8.)

Im **TIGER-Annotationsschema**[6] werden Funktionsverbgefüge wie folgt definiert und beschrieben:

---

[6]http://www.ifi.uzh.ch/CL/volk/treebank-course/tiger-annot.pdf

„Unter Funktionsverbgefüge (collocational verb construction) verstehen wir eine Kombination aus Vollverb und Präpositionalphrase. Dabei trägt nicht das Verb, sondern das Nomen der Präpositionalphrase die semantische Information. (...)

Typisch für Funktionsverbgefüge ist:

1. Es kann oft durch ein Verb ersetzt werden. (...)
2. Die Präpositionen von Funktionsverbgefügen sind fast immer *zu* oder *in*.
3. Das beteiligte Nomen kann in der Regel nicht ersetzt werden, ohne daß dabei der Sinn verändert wird.
4. Es handelt sich um eine kleine, geschlossene Klasse von bedeutungsschwachen Verben mit direktionaler oder lokaler Grundbedeutung *(stellen, setzen, bringen, geraten, kommen, stehen, ...).*"

2.2.3 Eigene Definition

Da es ganz offensichtlich in der Literatur einschließlich verschiedener Internet-Quellen keine einheitliche und eindeutige Definition für den Begriff Funktionsverbgefüge (FVG) gibt, lege ich meiner eigenen Definition die Kriterien zugrunde, die insgesamt am häufigsten aufgeführt werden und solche, die mir darüberhinaus besonders einleuchtend erscheinen, nämlich:

1.) Ein Funktionsverbgefüge ist eine zweiteilige Konstruktion, bestehend aus einem nominalen und einem verbalen Teil. Diese stellt eine inhaltliche Einheit dar und hat die Funktion eines Prädikates.

2.) Bei dieser Kombination eines scheinbaren Vollverbs mit einem nominalen Teil kann das substantivische Element von unterschiedlicher Form sein:

a) ein Substantiv im Akkusativ

b) ein Substantiv im Dativ

c) ein Substantiv im Genitiv

d) ein Substantiv im Nominativ

e) ein Substantiv im Präpositionalkasus

3.) Zentrales Merkmal ist ein Verb, das als gewissermaßen semantisch leer aufgefaßt werden kann, d.h. es hat seine normale Bedeutung als Vollverb weitgehend verloren und ist im Funktionsverbgefüge reduziert auf eine grammatikalische Funktion, nämlich die Darstellung von Tempus, Numerus, Modus, Person und Genus verbi.

4.) Häufig, aber durchaus nicht immer, ist das Funktionsverbgefüge paraphrasierbar durch das im Verbalabstraktum inkorporierte Vollverb, das sogenannte Basisverb.

(Damit erklärt sich auch der Begriff Streckform für Funktionsverbgefüge, da dieses quasi als verlängerte Umschreibung für das entsprechende Vollverb angesehen wird.)

Die Verben in denjenigen Funktionsverbgefügen, die durch bedeutungsgleiche oder zumindest durch semantisch ähnliche Basisverben paraphrasierbar sind, habe ich daher grundsätzlich als Funktionsverben betrachtet und in meine Funktionsverben-Liste aufgenommen.

5.) Ein typisches Merkmal von Funktionsverbgefügen ist die Verschmelzung von Präposition und Artikel: *in* Frage kommen, *in* Arbeit gehen, *zu* Ende gehen, *in* Betrieb nehmen, *zur* Verfügung stehen, *zur* Sprache bringen, usw..
Hierbei ist das Nomen nicht modifizierbar.

Weitere Kriterien für Funktionsverbgefüge sind, daß die Wortverbindung sozusagen unvorhersehbar ist und außerdem keine wörtliche Übersetzung der Wortverbindung in eine Fremdsprache möglich ist. Diese beiden Kriterien spielen eine besonders wichtige Rolle bei der Maschinellen Übersetzung sowie im Unterricht für Deutsch als Fremdsprache. Im Klartext heißt das Kriterium „unvorhersehbar", daß die jeweiligen Funktionsverbgefüge beim Erlernen der Sprache einzeln zu lernen sind, also wie Vokabeln, da es nicht möglich ist, für diese Wortkonstruktionen feste Regeln aufzustellen.

2.3 Syntaktische und textuelle Funktionen der Funktionsverbgefüge

2.3.1 Aktionsarten, Kausativität

Die wichtigste Leistung der Funktionsverbgefüge im Deutschen besteht laut dem Grammatiker Peter Eisenberg „in der **Kausativierung** und der Signalisierung von **Aktionsarten**." [Eis06]

Anhand des Beispielsatzes „Die Regierung bringt den Gesetzesentwurf zur Entscheidung" erläutert er anschließend seine These, daß nämlich die wichtigsten deutschen Funktionsverben insgesamt ein geschlossenes semantisches System bilden und fährt fort: „sie sind **kausativ (bringen, setzen, stellen, nehmen)**, **transformativ (kommen, bringen, geraten, setzen, stellen, nehmen)** oder **durativ (stehen, halten)**". ([Eis06]S. 317)

Auch in der Studie von Brigitte Krenn zur Identifikation von Funktionsverbgefügen wird betont, daß Funktionsverben Verben sind, „die im Vergleich zu ihren Vollverbäquivalenten ihre Kernbedeutung aufgegeben oder verloren haben und vor allem **Aktionsart** und **Kausativität** ausdrücken." ([Kre04] S. 3)

Ebenso weist die „Deutsche Grammatik" von Gerhard Helbig und Joachim Buscha im Zusammenhang mit der Feststellung, das Funktionsverb habe zwar seine ursprüngliche lexikalische Bedeutung verloren, sei aber nicht nur Träger von morphosyntaktischen Funktionen, sondern auch Träger von semantischen Funktionen sehr allgemeiner Art, auf ihre Funktion hin, die **Aktionsart** auszudrücken: „...es drückt einen Zustand [dur], eine Zustandsveränderung [incho] oder das Bewirken einer Zustandsveränderung (bzw. eines Zustands) [caus] aus - mitunter bei denselben nominalen Bestandteilen im FVG:

sich in Abhängigkeit *befinden* [dur]
in Abhängigkeit *kommen / geraten* [incho]
in Abhängigkeit *bringen* [caus]

Angst *haben* [dur]
Angst *bekommen* [incho]
in Angst *versetzen* [caus] " [Hel01b]

Als weitere Belege für die Tatsache, daß die Funktionsverbgefüge auch und vor allem die Funktion haben, die **4 Aktionsarten** auszudrücken, die im Deutschen hauptsächlich unterschieden werden, nämlich **inchoativ (bzw. ingressiv), terminativ (bzw. egressiv), continuativ (bzw. durativ)** und **neutral** (d.h. weder Veränderung noch Fortdauer), seien hier noch die folgenden Funktionsverbgefüge-Variationen aufgeführt, die zusätzlich mittels der Präposition im prädikativen Nomen die **inchoative** („in") bzw. die **terminative** („außer") **Aktionsart** ausdrücken:

in Betrieb *gehen, nehmen, setzen* (**inchoativ**)
in Betrieb *sein* (**neutral**)
in Betrieb *bleiben, lassen* (**continuativ**)

außer Betrieb *gehen, nehmen, setzen* (**terminativ**)
außer Betrieb *sein* (**neutral**)
außer Betrieb *bleiben, lassen* (**continuativ**)

Neben den **Aktionsarten** kann mit dem Funktionsverbgefüge auch die **Kausativität** ausgedrückt und damit die Argumentstruktur um ein Argument, nämlich den

Verursacher, erhöht werden. [Kre04]

Entsprechend lassen sich die Funktionsverben in den obigen Belegen als **kausativ** oder **nicht kausativ** klassifizieren:

nehmen, setzen, lassen : **kausativ**
gehen, sein, bleiben : **nicht kausativ**

Weitere Funktionsverbgefüge führt Krenn als Belege dafür auf, daß es „einerseits FVG gibt, die eine Bandbreite von Aktionsart- und Kausativitätsvarianten bilden und andererseits auch solche, die nur in einer einzigen Realisierung auftreten, wie z.B. *in Frage kommen, in Erscheinung treten, in Anspruch nehmen*." ([Kre04] S. 4)

Andere Autoren unterscheiden noch weitere Aktionsarten im Zusammenhang mit den Funktionsverbgefügen , jedoch ergeben sich hierdurch keine wesentlichen Differenzen zu den obigen Ausführungen. Es handelt sich hierbei eher um terminologische Varianten oder Verfeinerungen bei der Benennung der Aktionsarten, also etwa „**ingressiv**" anstelle von „**inchoativ**" und „**durativ**" anstelle von „**continuativ**".

In meiner eigenen Tabelle deutscher Funktionsverbgefüge habe ich zur Kennzeichnung von Aktionsart und Kausativität die folgenden Termini verwendet: **inchoativ, durativ, kausativ, neutral** und **ingressiv**.

Manche Autoren weisen ausdrücklich darauf hin, daß bei Konstruktionen wie „ins Schwitzen kommen", „aus der Fassung geraten", „in Gang bringen" die Präposition „*in*" zum Ausdruck der **inchoativen** und die Präposition „*aus*" zum Ausdruck der **egressiven** Aktionsart beiträgt, zusätzlich zum Funktionsverb. [Bat00]

Tatsache ist jedenfalls, daß für die Funktion, die Aktionsart oder die Kausativität auszudrücken, überwiegend Funktionsverbgefüge verwendet werden, die eine Präpositionalphrase enthalten und daß die jeweilige Präposition zumindest in dieser Richtung unterstützend wirken dürfte.

2.3.2 Ersatz für Passivkonstruktionen

Mit Hilfe von Funktionsverbgefügen mit bestimmten Funktionsverben ist es im Deutschen prinzipiell möglich, Passivkonstruktionen zu vermeiden und damit anstelle umständlicher oder ungewöhnlicher Passivbildungen eine elegantere Ausdrucksweise und stärkere Betonung zu erreichen. [Bat00]

Dabei entspricht jeweils dem Verbalsubstantiv im Funktionsverbgefüge ein zugehöriges Basisverb im Passiv.

Zur Paraphrasierung des Passivs eignen sich vor allem folgende Funktionsverben:

bekommen, erfahren, erhalten, finden, genießen, geraten, kommen, liegen, sich zuziehen, stehen

Zur Illustration hierzu einige Beispiele:

einen Auftrag **bekommen** - beauftragt *werden*

eine Veränderung/Unterstützung/Anregung **erfahren** - verändert/unterstützt/angeregt *werden*

einen Rat/Hinweis/Nachricht **erhalten** - beraten/hingewiesen/benachrichtigt *werden*

Anwendung/Anerkennung/Erwähnung/Aufnahme **finden** - angewendet/anerkannt/erwähnt/aufgenommen *werden*

Beachtung/Förderung/Respekt **genießen** - beachtet/gefördert/respektiert *werden*

in Verdacht/Gefahr/Erregung **geraten** - verdächtigt/gefährdet/erregt *werden*

zum Abschluß/zur Anwendung/in Bedrängnis **kommen** - abgeschlossen/angewendet/bedrängt *werden*

unter Beschuß **liegen** - beschossen *werden*

sich eine Verletzung/einen Tadel **zuziehen** - verletzt/getadelt *werden*

unter dem Einfluß/unter Beobachtung **stehen** - beeinflußt/beobachtet *werden*

aktivisch-passivische Gegensatz-Paare

Funktionsverben können passivische oder aktivische Bedeutung haben. Daher gibt es bei etlichen Funktionsverbgefügen aktivische und passivische Varianten bzw. Paarungen. Diese in der Literatur, vor allem der französischen linguistischen Literatur, auch als „Konversen" bezeichneten Paarbildungen sind öfters Forschungsgegenstand gesonderter Abhandlungen.

Im folgenden seien einige Beispiele für solche Gegensatz-Paare aufgeführt:

zum Abschluß **bringen** - zum Abschluß **kommen**

zur Diskussion **stellen** - zur Diskussion **stehen**

in Angst **versetzen** - in Angst **geraten**

in Betracht **ziehen** - in Betracht **kommen**

Gehör **schenken** - Gehör **finden**

Hilfe **leisten** - Hilfe **finden**

Zustimmung **erteilen** - Zustimmung **finden**

zu Protokoll **geben** - zu Protokoll **nehmen**

zur Kenntnis **geben** - zur Kenntnis **nehmen**

zur Kenntnis **bringen** - Kenntnis **erhalten**

in Kenntnis **setzen** - Kenntnis **erlangen**

in Versuchung **führen** - in Versuchung **geraten**

Ansehen **verleihen** - Ansehen **genießen**

eine Änderung **vornehmen** - eine Änderung **erfahren**

2.3.3 Schließung semantischer Lücken im lexikalischen System

Etliche Funktionsverbgefüge im Deutschen haben überhaupt keine Entsprechung in Form eines Vollverbs oder einer semantisch gleichwertigen oder ähnlichen Konstruktion. Sie füllen quasi eine semantische Lücke im lexikalischen System.

Dies belegen die folgenden Beispiele:

zur Verzweiflung bringen

zum Erliegen bringen

in Stellung bringen

in Einklang bringen

zur Geltung bringen

Rechenschaftsbericht erstatten

Strafanzeige erstatten

eine Abfuhr erteilen

einen Aufnahmebescheid erteilen

ein Gesetz durchführen

in Erinnerung bleiben

Einblick bekommen

Auftrieb bekommen

einen Fehltritt begehen

einen Mißgriff begehen

Hausfriedensbruch begehen

eine Kraft ausüben

einen Streich ausführen

Maßregeln ergreifen

Partei ergreifen

die Stimme erheben
Krieg führen
Regie führen
Buch führen
Aufschluß geben
zu Protokoll geben
in Konflikt geraten
in Panik geraten
Ordnung halten
Wort halten
Abstand halten
eine Rede halten
in Frage kommen
in Gang kommen
in Fahrt kommen
ins Gerede kommen
in Betracht kommen
Gesellschaft leisten
Wehrdienst leisten
einen Meineid leisten
Karriere machen
Stellung nehmen
Abstand nehmen
in Angriff nehmen
in Dienst stellen
zur Disposition stellen
in Frage stellen
Vorkehrungen treffen
Maßnahmen treffen
in Gang setzen
außer Kraft setzen
in Aussicht stellen
in Panik versetzen
in Betracht ziehen
in Mitleidenschaft ziehen

Viele dieser und weiterer nicht paraphrasierbarer Funktionsverbgefüge kommen sogar besonders häufig vor, gerade auch in der gesprochenen Sprache und in der Um-

gangssprache.

Auffallend viele Funktionsverbgefüge dieser Art weisen als Nominalkomponente des Verbgefüges ein Kompositum auf. Auf die mit Komposita gebildeten Funktionsverbgefüge, deren Aufzählung beliebig erweiterbar wäre, werde ich an anderer Stelle noch näher eingehen.

2.3.4 Modifizierbarkeit

Eine wichtige Eigenschaft der Funktionsverbgefüge ist ihre **Modifizierbarkeit**, beispielsweise durch adjektivische Attribute, durch Bildung von Komposita und durch Relativsätze. Damit sind sie nicht nur spezifischer, sondern auch flexibler als die entsprechenden einfachen Verben, wie sich an folgendem Beispiel aufzeigen läßt:

Funktionsverbgefüge : **Unterricht erteilen**
Basisverb: **unterrichten**

1.) Attribute

Unterricht erteilen
Modifikation des Funktionsverbgefüges durch Adjektiv-Attribute, evtl. zusätzlich mit Adverb, ist möglich:

(sehr) guten, (äußerst) schlechten, (völlig) kostenlosen, (bewundernswert) engagierten, häuslichen, schulischen, lebendigen, fesselnden, programmierten, fremdsprachlichen, naturwissenschaftlichen usw. Unterricht erteilen

unterrichten
Modifikation des Basisverbs durch Adverbien ist möglich (mit deutlichen Einschränkun gen):

*((sehr) gut, (äußerst) schlecht, (völlig) kostenlos, (bewundernswert) engagiert, *häuslich, *schulisch, fesselnd, *programmiert, *fremdsprachlich, *naturwissenschaftlich usw.* unterrichten

2.) Komposita

Unterricht erteilen
Modifikation des Funktionsverbgefüges durch Bildung von Komposita ist möglich:

*Einzel*unterricht, *Gruppen*unterricht, *Privat*unterricht, *Flug*unterricht, *Reit*unterricht, *Sport*unterricht, *Deutsch*unterricht, *Klavier*unterricht, *Frendsprachen*unterricht, *Fern-*

unterricht, *Geschichts*unterricht, *Nachhilfe*unterricht usw. erteilen

unterrichten

eine Modifikation durch Kompositabildung ist beim Basisverb nicht möglich, sondern allenfalls Umschreibungen mit Adverbial- oder Präpositionalausdrücken:

einzeln, gruppenweise, privat, im Fliegen (??), im Reiten (??), (das Fach) Sport, in Deutsch (??), Klavier, Fremdsprachen, aus der Ferne, in Geschichte, als Nachhilfelehrer usw. unterrichten

3.) Kumulierung von Attributen und Komposita

Unterricht erteilen

Die Modifikation durch Kompositabildung und Adjektiv-Attribute sowie Adverbien kann bei Funktionsverbgefügen problemlos kumuliert werden:

*nur gelegentlichen, aber sehr effizienten und besonders erfolgreichen Französisch-Nachhilfe-Einzel*unterricht *äußerst preiswert* erteilen

unterrichten

Dagegen ist dies bei den korrespondierenden Basisverben nur sehr bedingt möglich:

? nur gelegentlich, aber sehr effizient und besonders erfolgreich und äußerst preiswert als Nachhilfelehrer Französisch einzeln unterrichten

4.) Referenzierung und Anaphorisierung

Die Referenzierung und Anaphorisierung der Nominalphrase durch Relativsatz und Pronomina ist per se nur beim Funktionsverbgefüge möglich, nicht jedoch beim Basisverb.

2.3.5 Textuelle Funktionen der Funktionsverbgefüge

Wie unter anderem die korpusbasierte Fallstudie von Angelika Storrer über die Funktionen von Nominalisierungsverbgefügen im Text gezeigt hat, sind Funktionsverbgefüge nicht einfach „semantische Doubletten" zu den entsprechenden Basisverben, sondern greifen bestimmte semantische Lesarten der Basisverbbedeutung heraus, präzisieren diese und differenzieren sie weiter aus. [Sto06b]

Diese größere Spezifizität der Funktionsverbgefüge erklärt auch bereits, daß die beiden Konstruktionen, also Funktionsverbgefüge und zugehöriges Basisverb, keineswegs beliebig austauschbar sind und daß sich die eine Konstruktion nicht immer und in jedem Kontext mit Hilfe der anderen paraphrasieren läßt.

Als Beispiele dafür, daß das Funktionsverbgefüge semantisch spezifischer ist als das korrespondierende Basisverb, führt die Studie die beiden folgende Belege auf, in denen gleichzeitig Funktionsverbgefüge und Basisverb vorkommen, wobei „das spezifischere Nominalverbgefüge das unspezifischere Basisverb wieder aufgreift und modifiziert:

1.) Schulmusiker aller Schularten haben seit den 1920er Jahren als Teilbeschäftigte in Musikschulen **unterrichtet** und dort insbesondere *Klassen***unterricht erteilt** und Musiziergruppen geleitet.

2.) Systematisch **unterrichten** heißt im Geräteturnen einen *planvollen, geordneten, wissenschaftlichen* **Unterricht** zu **erteilen**, *der gewährleistet, daß* alle wertvollen Fähigkeiten der Schüler entwickelt...werden." ([Sto06b] S. 19)

Schon allein aufgrund derartiger Belege und der obigen Ausführungen läßt sich also die Behauptung, es handle sich bei den Funktionsverbgefügen um reine „Streckformen", die sich von den Basisverbkonstruktionen nur durch pragmatische und stilistische Wirkungen unterscheiden, nicht aufrechterhalten.

Insgesamt jedoch ist folgendes festzustellen:

„Die spezifischen Ausdrucksmöglichkeiten beider Konstruktionen lassen sich nur anhand von authentischen Sprachdaten und an satzübergreifenden Kontexten systematisch analysieren und beschreiben. Speziell die Rolle der NVG[7] für die Kohäsion von Texten wird erst im konkreten Textzusammenhang erkennbar. Dies gilt für die Möglichkeit der lexikalischen oder pronominalen Wiederaufnahme des prädikativen Nomens in NVG-Konstruktionen ebenso wie für die Möglichkeit, dieses Nomen durch Attribute und Relativsätze zu modifizieren. Die Verfügbarkeit digitaler und linguistisch aufbereiteter Textcorpora und entsprechender Suchwerkzeuge vereinfacht derartige Analysen, auch wenn die Detailuntersuchungen immer noch aufwändig sind ...". ([Sto06b] S. 25)

---

[7]NVG = Nominalverbgefüge

2.4 Spezielle Anwendungsbereiche der Funktionsverbgefüge

2.4.1 Verwaltungs- und Behördensprache

In Texten, die von Behörden und Verwaltungen verfaßt werden, vor allem aber in Gesetzestexten, ist die Verwendung von Funktionsverbgefügen sehr ausgeprägt. Die Entwicklung des Gebrauchs von Funktionsverbgefügen in deutschen Gesetzestexten seit Beginn des 18. Jahrhunderts wird in einer neueren empirischen Studie ausführlich dargestellt und anhand von insgesamt 462 einzeln aufgeführten Textstellen belegt. [Sei04]

Vermutlich steht hinter dem häufigen Gebrauch von Funktionsverbgefügen in derartigen Texten neben dem Bemühen um Eindeutigkeit und Klarheit auch das Bestreben, einer Mitteilung mehr Nachdruck und Gewicht zu verleihen.

Allerdings führt in vielen Fällen die Verwendung des Funktionsverbgefüges anstelle des einfachen Basisverbs keineswegs zu einer Steigerung der Bedeutungsabstufung und ist damit im Grunde überflüssig. Vielmehr wird dadurch das Textverständnis sogar unnötig erschwert.

Nicht zuletzt deshalb gibt es in letzter Zeit Bestrebungen, auch seitens mancher Behörden selbst, im Zuge der Vereinfachung der Verwaltungssprache die unnötige und übertriebene Verwendung von Funktionsverbgefügen einzudämmen.

So wird zum Beispiel in den Richtlinien für die Verbesserung der Lesbarkeit und Verständlichkeit von Internet-Seiten in dem von der Europäischen Union geförderten internationalen Projekt BenToWeb[8] empfohlen, für die Optimierung von Internet-Seiten bzw. -Texten auf die Verwendung von Funktionsverbgefügen möglichst weitgehend zu verzichten.

Auch im Rahmen der Projekte Sonderformulierte Prüfungstexte (SPT) und Textoptimierte Prüfungsaufgaben zur Sicherstellung der beruflichen Erstausbildung (TOP) wird für die Textoptimierung und -vereinfachung von Prüfungstexten die Vermeidung von Funktionsverbgefügen empfohlen, da diese für Menschen mit kommunikativer Behinderung eine Sprachbarriere auf der Wortebene bilden würden. Unter anderem hiermit seien bereits über 23.000 Prüfungsaufgaben so umformuliert worden, daß der Prüfungserfolg von mehr als 1100 Auszubildenden kaum noch durch

---

[8] Das Akronym „BenToWeb" steht für „Benchmarking Tools and Methods for the Web",
ein Forschungsprojekt des Fraunhofer Instituts für Angewandte Informationstechnologie,
siehe http://bentoweb.org/home und http://pi7.fernuni-hagen.de/research/bentoweb/

Sprachbarrieren gefährdet war.[9]

Die Empfehlung, Funktionsverbgefüge durch einfache Basisverben („aussagestarke Verben") zu ersetzen, findet sich häufig auch im Zusammenhang mit Themen wie „Strukturierte Sprache", „Kontrolliertes Deutsch", „Kontrollierte Sprache", „Barrierefreie Kommunikation" usw., die die Vereinfachung von Texten im Blickpunkt haben.

Diese Textvereinfachung ist zum Beispiel erwünscht im Hinblick auf Leser und Anwender mit eingeschränkter Lesefähigkeit, aber auch im Hinblick auf leichtverständliche Anwendungsdokumentationen und auf eine bessere Verständlichkeit und Übersetzbarkeit technischer Dokumentationen im Zeitalter der Globalisierung. Sie bildet außerdem eine Grundlage für die Maschinelle Übersetzung.

2.4.2 Fachsprachliche und wissenschaftliche Texte

Vermutlich das gleiche Bestreben, einer Aussage mehr Gewicht zu verleihen, aber auch das Bemühen um größere Klarheit und Eindeutigkeit, liegt dem weit verbreiteten Gebrauch von Funktionsverbgefügen in wissenschaftlichen Texten und allgemein in den Fachsprachen zugrunde. Hier ist die textuelle Funktion der Funktionsverbgefüge im Deutschen und sicherlich auch in anderen Sprachen unverkennbar.

Da man in wissenschaftlichen Darstellungen in erster Linie nicht nach der in einem Experiment oder in einer Studie tätigen Person oder ihren persönlichen Einstellungen, sondern nach der Methode, dem Prozeß oder dem Zustandekommen eines Phänomens oder einer Erkenntnis fragt, ist der Aspekt der Anonymisierung bzw. Entpersönlichung zu gewährleisten, und zwar auch sprachlich. Zum Erreichen dieses funktional-pragmatischen Zieles können verschiedene sprachliche Mittel eingesetzt werden, unter anderem auch Nominalstil und Funktionsverbgefüge. [Kae07]

Die Häufung von Nominalisierungen in Form von Funktionsverbgefügen ist Ausdruck des Bestrebens nach Klarheit, aber auch nach Ökonomisierung durch die Komprimierung des Inhalts ganzer Wortgruppen in einem einzigen Wort und ganzer Sätze in einer einzigen Wortgruppe oder Phrase.

Beispiele hierfür sind:

„Hausfriedensbruch begehen" statt „den häuslichen Frieden empfindlich stören"
„einen Aufnahmebescheid erteilen" statt „mitteilen, daß über den Antrag auf Aufnahme eines Antragsstellers positiv entschieden wurde"

---

[9]http://www.fst.uni-halle.de

„Wiederbelebungsversuche anstellen" statt „mehrmals versuchen, wieder zu beleben"[10]

Diese syntaktische Kompression auf der Phrasen- und Satzebene bewirkt eine deutliche und an sich positiv zu beurteilende Reduzierung der Satzlänge und damit eine textuelle Verdichtung. Andererseits wird hierdurch die Verständlichkeit erschwert, unter Umständen sogar soweit, daß es zu einem hohen Rezeptionsaufwand, wenn nicht sogar zu Informationsverlust beim Rezeptionsprozeß kommen kann, insbesondere bei Nicht-Muttersprachlern. [Kae07]

Daher gibt es neuerdings Bestrebungen, die Lesbarkeit (im Sinne von Verständlichkeit) wissenschaftlicher und technischer Texte zu verbessern, zum Beispiel durch einen möglichst sparsamen Gebrauch von Funktionsverbgefügen. Entsprechende Hinweise finden sich zum Beispiel für die Abfassung von Dissertationen, Diplomarbeiten, Seminararbeiten und dergleichen auf Internet-Seiten deutscher Universitäten.[11]

Ähnlich wird von der Gesellschaft für technische Kommunikation (Tekom)[12] unter dem Titel „Leitlinien zur Erzielung von Prägnanz" die Empfehlung gegeben: „Vermeiden Sie Funktionsverbgefüge. Nicht: in Vorschlag bringen, sondern: vorschlagen. Aber: in Bewegung setzen."[13][14]

Aber auch im Rahmen von Lehrveranstaltungen Technischer Universitäten zu Themen wie „Anforderungsspezifikationen" wird ausdrücklich vor der Verwendung von Funktionsverbgefügen bei der Abfassung solcher Spezifikationen gewarnt, weil sie deren Lesbarkeit unnötig erschweren würden.

In diesem Zusammenhang ist auch die Tatsache bemerkenswert, daß in einigen Sprachen gleichzeitig mit der Übernahme wissenschaftlicher und technischer Erkenntnisse und Errungenschaften die Verwendung von Funktionsverbgefügen zumindest im gehobenen Sprachgebrauch erheblich zugenommen hat. Bei diesen Funktionsverbgefügen handelt es sich sehr häufig um Lehnübersetzungen aus dem Eng-

---

[10]z.B. einen Verunglückten

[11]z.B. http://www.uni-leipzig.de/ ialt/merkbl/mrk-wissarb.htm
und http://www.tfh-berlin.de/veranstaltungstechnik/abschlussarbeiten.htm, Allg.Hinweise:
„Funktionsverbgefüge eher vermeiden (nicht: zur Anwendung bringen sondern: anwenden)."

[12]http://www.tekom-rhein-main.de/

[13]Vortrag „Übersetzungsgerechte Dokumentationserstellung" vom 18.3.2004, Folie Nr. 27

[14]vgl. den Artikel „Texte auf Übersetzbarkeit prüfen, eine Checkliste" in der Zeitschrift „Technische Dokumentation": 'aussagelose Verben finden sich v.a. in sog. Funktionsverbgefügen mit Nominalstil, z.B. zur Durchführung bringen, NEIN=gut, JA=schlecht'
http://www.doku.net/artikel/checkliste.htm

lischen. Ausführlich wird diese sprachliche Entwicklung im historischen Zusammenhang einer zunehmenden „Verwissenschaftlichung" des Alltags in einer empirischen Studie über Funktionsverbgefüge im Thailändischen erörtert und mit zahlreichen Beispielen belegt. [Kae07]

3 Gewinnung des Datenmaterials

3.1 Häufigkeitsanalyse

Einerseits war es unmöglich, im zeitlichen Rahmen einer Diplomarbeit alle Verben aus einer Kandidatenmenge von ca. 200 möglichen Funktionsverben zu berücksichtigen (siehe Anhang E), zumal die Liste der Funktionsverben scheinbar beliebig verlängert werden konnte. Daher ist auch in der Literatur teilweise von der „offenen Klasse" der Funktionsverben und von der Unmöglichkeit ihrer vollständigen Aufzählung die Rede, da grundsätzlich jedes deutsche Verb auch als Funktionsverb gebraucht werden kann. [Bat00], [Win05]

Andererseits hatte ich die Vorgabe zu erfüllen, mich in der vorliegenden Arbeit auf die wichtigsten und auf die häufigsten deutschen Funktionsverben zu beschränken.

3.1.1 Frequenzlisten in der Literatur

Leider steht eine Analyse über die Häufigkeit der einzelnen deutschen Funktionsverben in der Literatur nicht zur Verfügung. Es existiert hierzu offenbar nur eine einzige empirische Studie, nämlich die unveröffentlichte Diplomarbeit von **Anne Hofstetter**. [Hof89].

Diese Arbeit geht jedoch von einer Analyse mehrerer Wörterbücher aus und beschränkt sich zudem bei der Untersuchung der Häufigkeit bzw. eigentlich der Produktivität von Funktionsverben auf Verben der Bewegung wie z.B. **„gehen", „fallen", „stoßen"** und dergleichen. Außerdem konnte ich die Ergebnisse dieser Analyse nur teilweise mit meinen eigenen Ergebnissen und Erkenntnissen in Einklang bringen. (s. Anhang G)

In seinem „Grundriss der deutschen Grammatik, Band 2: Der Satz" ([Eis06]S. 310) nennt **Peter Eisenberg** als die mit Abstand häufigsten deutschen Funktionsverben die folgenden Verben:

„kommen" und **„bringen"**, gefolgt von **„stehen", „geraten", „setzen", „stellen"**,

„halten", „nehmen".

Mit dieser Aussage bezieht er sich auf **W. Herrlitz** [Her73], der in seiner Abhandlung über Funktionsverbgefüge vom Typ „in Erfahrung bringen" über 400 Funktionsverbgefüge für diese 8 Funktionsverben aufführt.

Alain Kamber, der im Rahmen seiner noch unveröffentlichten Dissertation [Kam06] erstmals eine grundlegende empirische Untersuchung über Funktionsverbgefüge im Deutschen angestellt hat, anhand eines Korpus von 5 Millionen Textwörtern, nämlich der Spiegel-CD-ROM[1] des Jahrgangs 1997, wobei er jeden einzelnen Beleg zunächst daraufhin untersuchen mußte, ob das darin enthaltene Verb als Funktionsverb vorkommt oder nicht, stellt vorweg fest:

„Doch was in den zum Thema veröffentlichten Studien weiterhin fehlt, ist zweifelsohne eine Verankerung der Behauptungen in einer ausreichenden Datenbank." und zitiert gleich anschließend den Autor der vielleicht kritischsten Abhandlung zum Thema „Funktionsverbgefüge", Jeroen Van Pottelberge:

„Eine umfassende Kritik, die nicht nur theoretisch, sondern auch empirisch vorgeht, fehlt ... bis auf den heutigen Tag." [Pot01]

Leider zutreffend stellt er fest: „Aufgrund dieses empirischen Defizits sind einige fundamentale Fragen bis heute nicht zufriedenstellend beantwortet worden, wie zum Beispiel: Welche sind die frequentesten FVG im alltäglichen Sprachgebrauch? Welche wichtigen FVG stehen (nicht) in einsprachigen Wörterbüchern des Deutschen? Welche wichtigen FVG stehen (nicht) in DaF-Grammatiken? usw." [Kam06]

Er selbst orientiert sich bei seiner Auswahl der zehn „produktivsten" Funktionsverben offenbar an der oben erwähnten Wörterbuch-Analyse von Anne Hofstetter, denn die in seiner Arbeit besprochenen Verben [Kam06] sind die folgenden:

„bringen", „kommen", „sich befinden", „stehen", „geraten", „nehmen", „stellen", „bleiben", „setzen", „gehen".

Im Rahmen seiner eigenen Frequenzanalyse der Funktionsverbgefüge mit dem Verb **„kommen"** geht Kamber auch auf das prozentuale Vorkommen der anderen neun Funktionsverben innerhalb der Gesamtzahl aller im Spiegel-Korpus von 1997 auftretenden Funktionsverbgefüge ein:

stellen: 66%
bleiben: 51,4%

---

[1]die Spiegel-CD-ROM enthält die 52 im Jahre 1997 erschienenen Nummern der Zeitschrift „Der Spiegel" auf 12.472 Seiten im PDF-Format. Dieses Korpus ist nicht linguistisch annotiert („getaggt")

setzen: 50,1%

nehmen: 46%

stehen: 40,9%

sich befinden: 39,7%

gehen: 35,3%

geraten: 35%

bringen: 20,3%

In einer kontrastiven französischen Studie über Funktionsverben im Deutschen und im Französischen von **Dominique Batoux** [Bat00] wiederum werden neben „**haben**" und „**sein**" die folgenden achtzehn Verben[2] als häufigste deutsche Funktionsverben mit je einem Beispiel aufgezählt:

„**bekommen**", „**anstellen**", „**bringen**", „**erfahren**", „**finden**", „**führen**", „**geben**", „**geraten**", „**halten**", „**kommen**", „**leisten**", „**machen**", „**nehmen**", „**setzen**", „**stellen**", „**treffen**", „**treten**", „**ziehen**"

3.1.2 Eigene Frequenzanalyse

Vor diesem recht uneinheitlichen und empirisch wenig fundierten Hintergrund erschien es mir - da die ausdrückliche Vorgabe für die vorliegende Arbeit lautete, es sollten „nur die häufigsten Funktionsverben" erfaßt und dargestellt werden - unumgänglich, neben meiner eigenen sprachlichen Intuition und den wenigen in der Literatur gefundenen „Ranglisten" zusätzlich eine eigene **Häufigkeitsanalyse** anzustellen.

Dies versuchte ich nun anhand der von mir aus dem DWDS-Kerncorpus[3] bereits extrahierten Funktionsverben und Funktionsverbgefüge. Das Ergebnis meiner Frequenzanalyse wird im **Anhang F** vorgestellt, in Form einer nach der Häufigkeit des Vorkommens im DWDS-Kerncorpus sortierten Liste von Funktionsverben.

Für dieses Vorhaben erschien mir nämlich die Recherche im DWDS-Kerncorpus noch am ehesten geeignet, wie bereits zuvor für die eingehende Suche nach Funktionsverben und Funktionsverbgefügen. Es ergab sich hierbei eine etwas andere Reihenfolge als in den beiden oben genannten Häufigkeits-Ranglisten.

---

[2]in weitgehender Übereinstimmung mit meiner eigenen Einschätzung

[3]Digitales Wörterbuch der Deutschen Sprache, URL: http://www.dwds.de

Demnach wären die zehn frequentesten deutschen Funktionsverben eher die folgenden Verben:

„machen", „begehen", „geraten", „bringen", „erteilen", „gelangen", „vornehmen", „erhalten", „versetzen", „nehmen".

Das Verb **„kommen"** als Funktionsverb folgt erst mit einigem Abstand.

Man muß jedoch berücksichtigen, daß die Verben **„gelangen"** und **„kommen"** in vielen Funktionsverbgefügen quasi-synonym und austauschbar sind und somit zusammengefaßt werden könnten.

Allerdings kommt verständlicherweise im DWDS-Korpus, der die geschriebene Sprache auswertet, die sozusagen edlere Variante **„gelangen"** häufiger als Komponente von Funktionsverbgefügen mit derselben Semantik vor als das umgangssprachlichere Funktionsverb **„kommen"**.

Somit stünde letztlich auch in meiner eigenen Rangliste das Funktionsverb **„kommen"** in der Reihenfolge ganz am Anfang, zumal es teilweise auch noch durch das Funktionsverb **„geraten"** innerhalb von semantisch gleichen oder ähnlichen Funktionsverbgefügen substituiert werden kann.

Über die Verben **„bringen"** und **„kommen"**, die nach einhelliger Meinung der germanistisch-linguistischen Literatur die produktivsten und wohl auch häufigsten deutschen Funktionsverben sind, gibt es sogar eine umfassende Monographie von **Hans-Jürgen Heringer** [Her68]. Diese beiden Funktionsverben weisen zudem noch die interessante Eigenschaft auf, konvers zu sein[4], indem sie nämlich im Funktionsverbgefüge entweder eine aktivische Bedeutung („bringen") oder eine passivische Bedeutung („kommen") haben. [Her68]

Daß manche Autoren die Funktionsverben "setzen" und **„versetzen"** zusammenfassen, scheint mir hingegen angesichts der relativ wenigen Funktionsverbgefüge, in denen diese beiden Funktionsverben wirklich substituierbar sind, nicht recht nachvollziehbar.

Austauschbar sind dagegen fast durchweg die Funktionsverben **„erhalten"** und **„bekommen"**, wobei ersteres wiederum die sozusagen „vornehmere" und damit im schriftlichen Sprachgebrauch häufigere Variante ist, was sich bei meiner Frequenzanalyse anhand des DWDS-Kerncorpus bestätigt hat. Zusammengefaßt müßten diese beiden Funktionsverben jedoch auf jeden Fall unter den zehn frequentesten deutschen Funktionsverben aufgeführt werden.

---

[4]d.h. ein Gegensatz-Paar bildend (in diesem Fall aktivisches vs. passivisches Funktionsverb)

Sehr häufig kamen im DWDS-Korpus auch Funktionsverbgefüge mit dem Funktionsverb „erteilen" vor, wobei dieses weitgehend durch das (auf einer weniger elaborierten Sprachebene) quasi-synonyme Funktionsverb „geben" ersetzt werden kann. Damit würde sich für das mit „erteilen" zusammengefaßte Funktionsverb „geben" ein ähnliches Bild ergeben wie für das mit „gelangen" und teilweise auch mit „geraten" zusammengefaßte Funktionsverb „kommen", d.h. diese beiden Funktionsverben stünden zusammengefaßt ebenfalls mit an der Spitze der Häufigkeits-Rangliste.

Das Funktionsverb „bleiben" findet sich dagegen nach den Ergebnissen meiner DWDS-Recherchen keineswegs - wie bei Kamber [Kam06]- unter den „Top Ten" der Produktivitäts- bzw. Häufigkeits-Rangliste, sondern bildet sogar das Schlußlicht unter insgesamt 95 bezüglich ihrer Häufigkeit von mir betrachteten deutschen Funktionsverben .

Überraschend war für mich das häufige Auftreten des Funktionsverbs „begehen", zumal es in den verschiedenen Literatur-Quellen kaum als solches erwähnt wird.

3.1.3 Überlegungen zur Empirie der Funktionsverbgefüge

Angesichts dieser erheblichen Divergenzen in der Beurteilung der Häufigkeit seitens der Fachwelt bedarf es sicherlich noch eingehenderer empirischer Untersuchungen, um zu fundierten Aussagen hierüber zu gelangen.

Meine eigene aufgrund der weiter oben von mir angeführten Argumente erstellte[5] Liste der zehn frequentesten Funktionsverben sähe also folgendermaßen aus:

1. machen
2. kommen (gelangen, geraten)
3. bringen
4. begehen (verüben)
5. geben (erteilen, gewähren, spenden)
6. bekommen (erhalten, erfahren, genießen)
7. versetzen (setzen)
8. nehmen
9. durchführen (ausführen, vornehmen, unternehmen, bewirken, tätigen)
10. ziehen

---

[5]bzw. meine entsprechend bereinigte Frequenz-Liste in Anhang F

Auch dann, wenn man unter „**Häufigkeit**" nicht das tatsächlich nachweisbare Vorkommen eines Funktionsverbs in Textkorpora versteht, sondern seine „**Produktivität**", also die Anzahl der mit ihm möglichen Nominalgruppen-Verbindungen, stehen die Funktionsverben „**kommen**" und „**bringen**" unbestreitbar immer am Anfang einer solchen Rangliste.

Ebenfalls an der Spitze stehen müßte sicherlich das wohl geläufigste deutsche Funktionsverb, nämlich „**machen**". Dieses wird vielleicht gerade deshalb vom DWDS Korpus bei der automatischen Kollokationssuche nicht berücksichtigt, weil die Anzahl der gefundenen Treffer sonst womöglich zu hoch werden könnte.

In einer empirischen Untersuchung über die tatsächliche Häufigkeit des Gebrauchs einzelner Funktionsverben in der deutschen Gegenwartssprache wären allerdings sicherlich nicht nur Korpora wie das DWDS-Korpus, das TIGER-Korpus oder auch die Spiegel-CD-ROM zu berücksichtigen, die ausschließlich auf der Auswertung geschriebener Texte und zwar vorwiegend von Zeitungstexten, beruhen.

Vielmehr wären in eine solchen Studie auch Korpora, die dem mündlichen Sprachgebrauch näher stehen als die oben genannten, wie beispielsweise das Dortmunder Chat-Korpus[6] oder das Mannheimer IDS Korpus für gesprochene Sprache[7], mit einzubeziehen.

Immerhin gibt es bereits eine empirische Studie von **Ryan North** über englische Funktionsverbgefüge unter Anwendung von computerlinguistischen Methoden und unter Verwendung der Suchmaschine „Google" als Korpus, mit all deren Vor- und Nachteilen für diesen Zweck, wie häufigen Änderungen und dadurch Erzeugung von Inkonsistenzen, Rauschen, inflationären Trefferzahlen usw. (s. [Nor05]S.92ff)

Der Autor kommt zu dem Ergebnis, daß die Funktionsverbgefüge eine semiproduktive Klasse von Mehrwortprädikaten (multiword expressions) seien, wobei die Produktivität dieser Konstruktionen an die semantische Klasse des nominalen Komplements gekoppelt sei. Überprüft und bestätigt wird diese These anhand von Messungen der Akzeptabilität potentieller Funktionsverbgefüge. [Nor05]

Demnach gibt es bestimmte Tendenzen der Produktivität, entsprechend der jeweiligen semantischen Klasse der Nomina und quer durch alle Funktionsverben hindurch. Diese Beobachtung erfolgt gemäß North in Übereinstimmung mit der Beurteilung der Akzeptanz verschiedener Funktionsverbgefüge durch die hierzu befragten Personen. [Nor05]

---

[6]http://www.chatkorpus.uni-dortmund.de

[7], http://www.ids-mannheim.de

3.2 Erstellung einer FVG-Beispielmenge

3.2.1 Allgemeine Vorüberlegungen

Ungeachtet aller in den Kapiteln 2.2 und 3.1 vorgestellten linguistischen und germanistischen Theorien, Thesen und Kontroversen über die Entstehung, Bedeutung, Funktion und Häufigkeit der Funktionsverbgefüge generell und der deutschen Funktionsverbgefüge im Besonderen bestand meine Aufgabe in der Vorbereitung einer Erweiterung des von der FernUniversität in Hagen entwickelten Computerlexikons, HaGenLex, um eben diese Funktionsverbgefüge.

Denn aus der eher pragmatischen Sicht der Informatik und vom praktisch-effektiven Ansatz her, den speziell deren Teilgebiete „Automatische Sprachverarbeitung" sowie „Computerlinguistik" verfolgen, ist es auf jeden Fall sinnvoller, schon einmal mit der computerlexikografischen Erfassung und Aufbereitung der deutschen Funktionsverbgefüge zu beginnen, als abzuwarten, bis endlich die letzten und tiefgehendsten Klärungen aller Zweifelsfälle seitens der germanistischen und der allgemeinen Sprachwissenschaft stattgefunden haben.

Es sollte also eine begrenzte Menge von circa 300 bis 500 deutschen Funktionsverbgefügen gesammelt und für die Weiterverarbeitung durch den WOCADI-Parser und die Erstellung neuer Einträge in HaGenLex aufbereitet werden. Somit mußte ich zunächst das Problem lösen, ausreichend viele Beispiele für solche Funktionsverbgefüge zu finden. Hierbei war zusätzlich die bereits erwähnte Vorgabe zu beachten, daß nur die häufigsten Funktionsverbgefüge erfaßt und berücksichtigt werden sollten.

3.2.2 Generierung einer Menge von Funktionsverben

Die Suche

Der erste Schritt beim Aufbau meiner Beispielmenge von Funktionsverbgefügen bestand in der intensiven Suche - in der Literatur und im Internet - nach womöglich schon vorhandenen Listen von Funktionsverben. Hierdurch fand ich in den verschiedensten Quellen einen gewissen „Grundstock" von immer wieder aufgeführten Verben, der mir auch selbst plausibel erschien.

Fast ebenso viele Verben tauchten hierbei allerdings auf, vor allem in den verschiedenen Internetquellen, die mir keineswegs plausibel erschienen. So begegneten mir vor allem auf Internet-Seiten für Deutsch als Fremdsprache unter dem Stichwort „Erklärung und Einübung deutscher Funktionsverbgefüge" zahlreiche Wendungen, die man wohl kaum als Funktionsverbgefüge bezeichnen konnte.

Auf einer entsprechenden Seite des Studienkollegs der Technischen Universität Darmstadt beispielsweise finden sich Wendungen wie „ein Rätsel lösen", „einen Wunsch äußern", „einen Termin vereinbaren", „die Annahme verweigern" und dergleichen mehr. [unb99]

Deshalb zog ich die in solchen angeblichen Funktionsverbgefügen vorkommenden Verben vorerst noch nicht als FV-Kandidaten in Betracht, sondern schloß daraus hauptsächlich, daß das Thema „Funktionsverbgefüge" von großer Bedeutung im Bereich „Deutsch als Fremdsprache" zu sein scheint, daß jedoch keineswegs Einhelligkeit darüber besteht, welche Verben im Deutschen als Funktionsverben zu betrachten sind und welche nicht.

Eine Auflistung sämtlicher aus den verschiedensten Quellen extrahierter Funktionsverb sowie aller von mir als Funktionsverben vermuteter und daraufhin überprüfter „Kandidaten" findet sich in **Anhang E**.

Die Vergleichstabelle

Um die gefundenen Ergebnisse weiter abzusichern, erstellte ich aus den sechzehn Quellen, die sich bei meiner Suche nach Funktionsverben als die ergiebigsten erwiesen hatten, eine Tabelle mit den dort aufgeführten Funktionsverben. In dieser Tabelle wurde jedes Vorkommen mit einem „+" und jedes Nicht-Vorkommen mit einem „-" markiert. Diejenigen Verben, die in dieser Tabelle die meisten „+" zu verzeichnen hatten, bildeten gewissermaßen eine Schnittmenge aus diesen Quellen und wurden somit in meine Funktionsverbenliste aufgenommen.

Von vornherein aus meiner Funktionsverbenliste ausgeschlossen habe ich die Verben **„sein"** und **„haben"** als reine Kopula-Verben sowie deren quasi-Synonyme **„sich befinden"** und **„besitzen"**. Damit befinde ich mich teilweise in Übereinstimmung mit der Literatur, teilweise werden diese Verben dort aber auch als Funktionsverben aufgeführt, z.B. in der Grammatik von Helbig und Buscha. [Hel01b]

Nachdem ich feststellen mußte, daß das Verb **„machen"** bei der sogenannten Lemmabasierten Kollokationssuche im DWDS-Korpus[8] nicht berücksichtigt wird („Leider keine Treffer gefunden"), habe ich mich bei meiner Suche nach mit diesem

---

[8]Digitales Wörterbuch der Deutschen Sprache, URL: http://www.dwds.de

Funktionsverb gebildeten Funktionsverbgefügen neben meiner eigenen Intuition auf einige große deutsch-englische, deutsch-französische und deutsch-spanische Wörterbücher gestützt und zusätzlich noch auf im Internet verfügbare Wörterbücher (u.a. „LEO Deutsch-Englisches Wörterbuch"). Auf diese Weise habe ich eine Beispielmenge von 371 Funktionsverbgefügen zum Funktionsverb **„machen"** gewonnen. Diese findet sich im **Anhang C**.

3.2.3 Die Funktionsverbenliste: Aufnahmekriterien und Schritte zu ihrer Erstellung

Der 1. Schritt

Zunächst wurden diejenigen Verben aufgenommen, die in den Aufzählungen von Funktionsverben bzw. Funktionsverbgefügen sowohl in der Literatur als auch auf den entsprechenden Internet-Seiten am häufigsten erwähnt wurden, wie z.B. die Funktionsverben **„bringen"**, **„kommen"**, **„setzen"**, **„stellen"**, **„legen"**.

Der 2. Schritt

Danach habe ich meine Liste schrittweise erweitert um Verben, die ich mittels der Lemmabasierten Kollokations-Suche im DWDS-Korpus[9] und mittels Absuchens des TIGER-Korpus[10] nach sogenannten CVC (collocational verb constructions) als Funktionsverben erkannt oder als von mir vermutete Funktionsverben bestätigt gefunden habe.

Das entscheidende Kriterium für die Vermutung, daß ein Verb ein Funktionsverb sein könnte, war hierbei eine von seiner „normalen" Bedeutung abweichende und in den allermeisten Fällen auch eine stark abgeschwächte Bedeutung dieses Verbs innerhalb der Kollokation.

Als Beispiele hierfür seien die Funktionsverben **„abschließen"**, **„ernten"**, **„gewinnen"**, **„erstatten"** und **„hegen"** genannt:

„eine Türe *abschließen*" vs. „einen Vertrag *abschließen*",

---

[9] Statistisches Maß: log-Likelihood

[10] Das TIGER-Korpus ist eine sog. Baumbank für das Deutsche, Nachfolger des NEGRA-Projektes, ein annotiertes Korpus mit 50000 Sätzen (900000 Tokens) aus Zeitungstexten der Frankfurter Rundschau. URL: http://www.ims.uni-stuttgart.de/projekte/tiger

„Äpfel *ernten*" vs. „Bewunderung *ernten*",

„ein Preisausschreiben *gewinnen*" vs. „Vertrauen *gewinnen*",

„Kosten *erstatten*" vs. „Bericht *erstatten*",

„das Wild *hegen*" vs. „Argwohn *hegen*".

Ein wichtiges Kriterium war ferner die Häufigkeit des Vorkommens eines Funktionsverbgefüges im TIGER-Korpus bzw. die Anzahl der Treffer bei der Kollokations-Suche im DWDS-Korpus. Diese Beobachtung war notwendig, um möglichst nur die geläufigsten Verben herauszufiltern.

Denn die Klasse der Funktionsverben ist offensichtlich und nach allgemeiner Auffassung eine offene Klasse insofern, als prinzipiell fast jedes deutsche Verb als Funktionsverb vorkommen und verwendet werden kann.

Somit hätte ich ansonsten mindestens zweihundert verschiedene Verben, die mir während meiner Korpus- und Internet-Recherchen als Funktionsverben begegneten, auflisten und näher untersuchen müssen. Dies jedoch wäre im zeitlichen Rahmen einer Diplomarbeit keinesfalls möglich gewesen.

Allerdings ist nicht in jedem Fall die absolute Anzahl der Treffer bei der Kollokations-Suche im DWDS-Korpus ein zuverlässiger Hinweis auf ein häufiges Funktionsverb.

Am Beispiel der Funktionsverben „**begehen**", „**ergreifen**", „**verfallen**", „**erstatten**" und „**vollführen**" wird deutlich, daß diese Verben nur eine relativ geringe Trefferzahl im DWDS-Korpus aufweisen, obwohl sie die Komponenten von durchaus recht häufigen Funktionsverbgefügen sind:

begehen: 577 Treffer
ergreifen: 880 Treffer
verfallen: 313 Treffer
erstatten: 164 Treffer
vollführen: 21 Treffer

Unter diesen vergleichsweise wenigen Treffern (vgl. „**kommen**": 11214 Treffer, „**bringen**": 6176 Treffer, „**nehmen**": 7292 Treffer usw.) als Ergebnis der jeweiligen Kollokations-Suche finden sich jedoch überproportional viele Funktionsverbgefüge. Bei dem Verb „**vollführen**" befinden sich sogar neun Funktionsverbgefüge unter den insgesamt nur einundzwanzig im DWDS gefundenen Kollokationen:

eine Bewegung *vollführen* (BV: sich bewegen)
eine Explosion *vollführen* (BV-Paraphrase: explodieren lassen)

eine Verbeugung *vollführen* (BV: sich verbeugen)

einen Lärm *vollführen* (BV: lärmen)

einen Sprung *vollführen* (BV: springen)

eine Heldentat *vollführen* (BV-Paraphrase: als Held tun)

eine Tat *vollführen* (BV: tun)

ein Werk *vollführen* (FVG-Paraphrase: ein Werk vollbringen)

eine Arbeit *vollführen* (BV: arbeiten)

Ähnlich verhält es sich mit dem Verb „**erstatten**". Unter den insgesamt nur 164 Treffern bei der DWDS-Kollokationssuche finden sich einige sehr häufige Funktionsverbgefüge, wie „Bericht *erstatten*", „Anzeige *erstatten*" und „Meldung *erstatten*".

Vor allem aber ist bei der Verwendung dieses Verbs als Funktionsverb auffallend, daß damit etliche Funktionsverbgefüge gebildet werden, die ein Kompositum als Nominalkomponente enthalten. Außerdem fällt auf, daß gerade solche Funktionsverbgefüge anscheinend die Funktion haben, eine sogenannte lexikalische Lücke zu füllen.

Darauf deuten auch die folgenden Beispiele hin, die alle bereits unter den ersten zwanzig, also den häufigsten DWDS-Treffern vorzufinden sind:

Strafanzeige *erstatten*

Jahresbericht *erstatten*

Rechenschaftsbericht *erstatten*

Kassenbericht *erstatten*

Geschäftsbericht *erstatten*

Überraschend hoch ist der hohe Anteil an Funktionsverbgefügen (68 FVG) unter den nur 313 vorgefundenen Kollokationen im DWDS-Korpus auch bei dem Verb „**verfallen**".

Möglicherweise hängt dies mit der syntaktischen Flexibilität dieses Funktionsverbs zusammen, das sich sowohl mit einer Nominalphrase als auch mit einer Präpositionalphrase mit „in" oder „auf" verbinden kann, teilweise sogar mit dem gleichen Nomen:

So existiert etwa „*der* Melancholie verfallen" gleichwertig neben „*in* Melancholie verfallen", „*einem* Irrtum verfallen" neben „*in einen* Irrtum verfallen", „*einem* Gedanken verfallen" fast gleichbedeutend neben „*auf einen* Gedanken verfallen", um nur ein paar Beispiele hierfür zu nennen.

Der 3. Schritt

In einem dritten Schritt habe ich einige weitere Verben in meine Liste aufgenommen, die zwar nicht das Kriterium einer hohen Trefferanzahl bei der Kollokations-Suche im DWDS-Korpus erfüllten und auch nicht unbedingt im TIGER-Korpus vorkamen, die mir jedoch intuitiv als Bestandteil sehr geläufiger und damit ebenfalls „häufiger" Funktionsverbgefüge erschienen.

Wenn mir ohne längeres Überlegen zwei bis drei Funktionsverbgefüge zu einem bestimmten Verb einfielen, wurde dieses Verb also in meine Liste aufgenommen.

Beispiele hierfür sind die folgenden Verben:

„erstatten"

wegen „Bericht *erstatten*", „Anzeige *erstatten*"

„abstatten"

wegen „Dank *abstatten*", „Besuch *abstatten*"

„zollen"

wegen „Lob *zollen*", „Beifall *zollen*", „Respekt *zollen*", „Bewunderung *zollen*".

Problemfälle

Eine gewisse Schwierigkeit stellte der in der Literatur des öfteren erwähnte „gleitende Übergang" zwischen reinen Kollokationen und Funktionsverbgefügen und vor allem zwischen Funktionsverbgefügen und idiomatischen Wendungen dar.

Wie hier im einzelnen bei der Zuordnung vorzugehen ist und aufgrund welcher Kriterien eine Wendung im Einzelfall zu klassifizieren ist, ist in der Literatur leider nicht einheitlich beschrieben. Im Zweifel habe ich sie daher in meine Liste auch dann aufgenommen, wenn das Nomen im Funktionsverbgefüge kein Verbalabstraktum oder zumindest Abstraktum, sondern ein (ggf. sogar metaphorisch verwendetes) Konkretum war.

Meiner Ansicht nach sind nämlich bestimmte Wendungen, wie beispielsweise „auf den Geist gehen", „auf den Wecker gehen" oder „auf den Keks gehen" eher eine Analogiebildung und Steigerung zum Funktionsverbgefüge „auf die Nerven gehen" als echte Idiome.

Ebenso erscheint mir der Unterschied zwischen „außer Kontrolle geraten" und „aus dem Takt geraten" oder „aus den Fugen geraten" nicht gravierend genug für eine unterschiedliche Zuordnung „Funktionsverbgefüge" vs. „Idiom".

Jedenfalls scheint mir auch hier ein gewisser Pragmatismus und notfalls eine nicht bis ins Letzte begründbare Entscheidung sinnvoller zu sein als der Verzicht auf eine Zuordnung aufgrund gelegentlich ziemlich spitzfindig erscheinender Kontroversen in der linguistischen Forschung.

3.2.4 Generierung einer Menge von Funktionsverbgefügen

Ausgehend von der auf diese Weise gewonnenen und später sukzessive auf die Anzahl von insgesamt 96 Funktionsverben erweiterten Funktionsverben-Liste konnte im nächsten Schritt die eigentliche Datensammlung für das von mir zu bearbeitende Thema in Angriff genommen werden. Es ging nun darum, zu diesen Verben möglichst zahlreiche Kollokationen zu finden, die die weiter oben genannten Kriterien für die Klassifizierung als Funktionsverbgefüge erfüllten.

Die Auswertung des TIGER-Korpus

Das **TIGER-Korpus** der Universität Tübingen, das auf den Ergebnissen des **NeGra-Projekts** aufbaut, enthält insgesamt ca. 1200 als „CVC" (Collocational Verb Constructions) gekennzeichnete Funktionsverbgefüge, von denen sich allerdings mehrere recht häufig wiederholen. Dies ist jedoch vor dem Hintergrund, daß das Korpus aus Texten der Frankfurter Rundschau (50000 Sätze), also ausschließlich aus Zeitungstexten, besteht, nicht weiter verwunderlich.

Ich habe versucht, die im TIGER-Korpus enthaltenen Funktionsverbgefüge mittels gezielter Suche manuell möglichst vollständig herauszufiltern und zu erfassen. Das Ergebnis dieser Suche findet sich in **Anhang A**.

Die Auswertung des DWDS-Korpus

Mittels der Kollokationssuche im weiter oben bereits erwähnten DWDS-Korpus war es mir möglich, sämtliche in diesem Korpus vorkommenden Kollokationen für die von mir als Funktionsverben „verdächtigten" oder in der Literatur und auf Internetseiten als solche deklarierten Verben herauszufiltern.

Aus diesen automatisch ausgegebenen Listen von Kollokationen konnte ich nun manuell diejenigen Verbindungen herausfiltern, die meines Erachtens Funktionsverbgefüge darstellen und nicht nur reine Kollokationen oder Idiome.

54

Bei Funktionsverben wie „kommen", „bringen" und weiteren Verben, die eine sehr starke Reihenbildung aufweisen und überdies eine riesige Trefferzahl bei der Kollokationssuche ergaben, sah ich mich aufgrund des vorgegebenen zeitlichen Rahmens für die vorliegende Arbeit zu einer Beschränkung des Aufwandes gezwungen.

Somit beschränkte ich mich bei solchen Verben auf eine genaue Analyse der ersten zweihundert Kollokations-Treffer sowie auf eine globale Betrachtung weiterer etwa einhundert Treffer, um sicherzugehen, daß nicht etwa rein zufällig dort noch weitere gebräuchliche deutsche Funktionsverbgefüge auftreten und von mir übersehen werden könnten.

3.3 Einteilung der Funktionsverbgefüge in Äquivalenzklassen

Zur Vorbereitung der in Kapitel 5 detailliert beschriebenen Aufbereitung des von mir zusammengestellten Datenmaterials erschien es mir sinnvoll, dieses Material zunächst anhand hierfür geeigneter Kriterien vorzusortieren.

Dabei bot sich als Kriterium insbesondere eine Überprüfung an, ob und gegebenenfalls in welcher Form eine Paraphrasierung für ein gegebenes Funktionsverbgefüge möglich ist.

Es stellte sich heraus, daß in den meisten Fällen das Funktionsverbgefüge durch ein semantisch gleichwertiges oder zumindest ähnliches einfaches Verb ersetzt werden kann, das mit der Nominalphrase im Funktionsverbgefüge stammverwandt ist, also durch das sogenannte Basisverb (**SynoBV**).

In den meisten anderen Fällen ist zumindest eine Paraphrasierung durch ein stammverwandtes Adjektiv (**SynoBA**) oder Substantiv (**SynoBS**) in Verbindung mit einer Kopula, vereinzelt auch durch ein stammverwandtes Adverb (**SynoBADV**) in Verbindung mit „handeln" oder ähnlichen Verben möglich.

Zu manchen Funktionsverbgefügen existiert zwar keine Paraphrase in Form eines Basis-Verbs, -Adjektivs, -Substantivs oder -Adverbs, jedoch gibt es ein synonymes Vollverb. (**SynoVV**).

Schließlich gibt es zu einigen Funktionsverbgefügen zwar keine der oben genannten Paraphrasierungen, aber immerhin eine Paraphrase in Form eines bedeutungsgleichen anderen Funktionsverbgefüges (**SynoFVG**).

Für gewisse Funktionsverbgefüge gibt es ebenfalls keine direkte Paraphrase durch ein Basisverb, jedoch ist eine Paraphrasierung durch ein Basisverb in einer Passiv-konstruktion möglich (**SynoBVP**).

Allerdings gibt es auch etliche Funktionsverbgefüge ohne jegliche Paraphrase. Diese schließen eine sogenannte semantische Lücke im lexikalischen System. In diese Kategorie fallen auch zahlreiche Funktionsverbgefüge, die mit einem Kompositum als Nominalphrase gebildet sind.

Insgesamt ergab sich hiermit die folgende Einteilung:

SynoBV = Es gibt ein semantisch äquivalentes Basisverb.

SynoBA = Es gibt eine Paraphrase durch ein Basis-Adjektiv in Kombination mit einem Hilfsverb („sein" oder „werden") oder mit dem Funktionsverb „machen".

SynoBS = Es gibt eine Paraphrase durch ein Basis-Substantiv in Kombination mit einem Hilfsverb („sein" oder „werden").

SynoBADV = Es gibt eine Paraphrase durch ein Basis-Adverb in Kombination mit einem Vollverb (z.B. „handeln").

SynoBVP = Es gibt eine Paraphrase durch eine semantisch äquivalente Passivkonstruktion.

SynoFVG = Es gibt eine Paraphrase durch ein Funktionsverbgefüge.

SynoVV = Es gibt eine Paraphrase durch ein Vollverb, das semantisch äquivalent, aber kein Basisverb ist.

4 Das Computerlexikon HaGenLex

Das domänenunabhängige, semantikbasierte Computerlexikon **HaGenLex** für den deutschen Sprachraum wird seit 1996 am Lehrgebiet für Intelligente Informations- und Kommunikationssysteme (IICS) der FernUniversität in Hagen entwickelt.

HaGenLex (**Ha**gen **Ge**rman **Lex**icon) ist eine lexikalische Datenbank für die deutsche Sprache, die zur Zeit circa 25000 Einträge umfaßt. Diese wurden vorwiegend auf der Basis von Frequenzlisten und Wörterbüchern von Hand erstellt und mit detaillierten morphosyntaktischen und semantischen Informationen versehen.

Ein komprimierter Überblick über **HaGenLex** wird auf der Projekt-Webseite geboten.[1] Für zusätzliche Informationen findet sich eine detaillierte Beschreibung der zugrundeliegenden Konzepte in [Har03].

4.1 Semantische Modellierung lexikalischer Konzepte

Die Lexikoneinträge in **HaGenLex** enthalten sowohl morphosyntaktische als auch semantische Informationen. Die semantische Modellierung in **HaGenLex** basiert auf dem sogenannten **MultiNet** Paradigma, einem Formalismus zur Wissensrepräsentation und zur Darstellung der Semantik natürlicher Sprache mittels mehrschichtiger, erweiterter semantischer Netze. [Hel01a]

MultiNet umfaßt eine Hierarchie von 45 ontologischen Sorten (object, action, location, property, usw.) und mehr als 100 semantische Relationen und Funktionen. Außerdem werden 16 binäre semantische Merkmale verwendet.

Jedes lexikalische Konzept ist hinsichtlich seiner ontologischen Sorten und seiner semantischen Merkmale klassifiziert, welche zusammen die sogenannte semantische Sorte der Konzepts bestimmen. Die semantische Valenz von Einträgen bzw. Konzepten wird mit Hilfe von bestimmten **MultiNet-Relationen**, der sogenannten

---

[1]http://pi7.fernuni-hagen.de/forschung/hagenlex/hagenlex−de.html

kognitiven Rollen (AGT, OBJ, INSTR, RSLT usw.), beschrieben.

4.2 Valenzrahmen, kognitive Rollen, Kasusrahmen

Die Gesamtheit der den semantischen **Valenzrahmen** eines Lexems bestimmenden MultiNet-Relationen bzw. kognitiven Rollen wird als **semantischer Kasusrahmen** bezeichnet. Neben diesem semantischen Kasusrahmen, der die kognitiven Rollen sowie weitere semantische Selektionsrestriktionen umfaßt, werden die syntaktischen Bedingungen eines Lexems im **syntaktischen Kasusrahmen** beschrieben.

In **HaGenLex** ist jeder Lexikoneintrag für ein Verb mit mindestens einem Beispielsatz versehen. Dieser enthält das Verb in der dritten Person und sämtliche obligatorischen und fakultativen Komplemente. Diese Komplemente (bzw. Argumente) des Verbs erscheinen im Beispielsatz genau in der vom syntaktischen Kasusrahmen vorgegebenen Reihenfolge.

4.3 Entailments

Von **HaGenLex** werden zwei Formate für Bedeutungspostulate unterstützt:

1.) ein semi-formales, reglementiertes Format, das im Wesentlichen noch Teil der natürlichen Sprache ist, abgesehen davon, daß die Argumente des Verbs durch schematisierte Pronomina, sprich Variablen x1, x2, x3, x4, x5 usw. ersetzt wurden.

2.) ein rein formales logisches Format, das für logische Inferenzen geeignet ist. In der vorliegenden Arbeit wird nur das semi-formale Format, also die sogenannten reglementierten **Entailments** (engl. regimented entailments), verwendet.

Jeder in einem **Entailment** vorkommenden Variablen geht der bestimmte Artikel im Maskulinum Singular voraus, wodurch die Entailments besser lesbar werden und auch besser zu parsen sind. Die Artikelformen des Maskulinums Singular wurden deshalb gewählt, weil sie im Deutschen hinsichtlich des Kasus eindeutig sind, im Gegensatz zu den Artikelformen des Femininums und des Neutrums. [Glö05]

Ein großer Vorteil in der Verwendung reglementierter **Entailments** im Rahmen von HaGenLex liegt darin, daß diese durch ihre Nähe zur natürlichen Sprache einerseits sogar für Nicht-Linguisten leicht verständlich sind, andererseits aber formal genug für die Weiterverarbeitung durch den Parser und für die automatische Erzeugung formaler Bedeutungspostulate in der logischen Form. [Glö05]

4.4 Indexierungssystem

Zur eindeutigen Bestimmung der zu einem Grundwort gehörenden Lexeme wird in HaGenLex ein doppeltes **Indexierungssystem** verwendet:

<Grundwort> . <Homographenindex> . <Lesartenindex>

Beispiel: (cf. [Hel01a])

face.1.1 Vorderteil des Kopfes
face.1.2 Oberfläche („face of the earth")
face.2.1 einem Ereignis (mutig) entgegensehen
face.2.2 Karten mit Bild nach oben legen

4.5 Interne Repräsentation von HaGenLex und IBL-Formalismus

Der internen Repräsentation von HaGenLex-Einträgen liegt ein getypter **Merkmal-Wert-Formalismus** zugrunde, der die Darstellung von Listen und Disjunktionen sowie auch die Angabe von Mengen atomarer Typen unterstützt.

4.6 Der WOCADI-Parser

Der im Lehrgebiet IICS der FernUniversität in Hagen entwickelte **WOCADI**-Parser (**WO**rd **CIA**ss based **DI**sambiguating) stellt neben verschiedenen anderen Applikationen und Funktionen wie etwa der Lexikon-Werkbank LIA zum Erstellen und Pflegen der Lexikoneinträge in HaGenLex ein Werkzeug bereit zur Validierung und Qualitätssicherung von Lexikoneinträgen. Eine Demonstration dieser Applikation findet sich auf der Projekt-Webseite.[2]

Zur Validierung analysiert **WOCADI** einerseits die Menge der Beispielsätze, die zu einem Lexikoneintrag existieren, und liefert als Ergebnis einen Fehlerreport, mit dessen Hilfe der Lexikograph bestehende Fehler erkennen und beheben kann.

---

[2]http://pi7.fernuni-hagen.de/forschung/wocadi/

Andererseits besteht auch die Möglichkeit einer empirischen Validierung, wobei Textkorpora anhand der Lexikoneinträge in HaGenLex durch **WOCADI** analysiert werden. Eine signifikante Abweichung der tatsächlichen Häufigkeit eines Lexems von der zu erwartenden Häufigkeit kann dann für den Lexikograph ein Hinweis auf einen fehlerhaften Eintrag sein. [Gle06]

5 Aufbereitung des Datenmaterials

Um mein mit ungeheurem Aufwand zusammengetragenes Datenmaterial von circa 5000 Funktionsverbgefügen verwertbar machen zu können, mußte ich mir eine Darstellungsform überlegen, in der die von mir gesammelten Daten in übersichtlicher Weise und eventuell um weitere Angaben ergänzt präsentiert werden konnten. Hierfür erschien mir die Darstellung der Daten im komprimierten Form einer Excel-Tabelle am besten geeignet.

5.1 Aufbereitung einer FVG-Menge im komprimierten Format

Neben der übersichtlichen Präsentation der Daten wollte ich gleichzeitig bereits die in Kapitel 3.3 beschriebene Einteilung meiner Daten in Äquivalenzklassen einbringen, und zwar in Form einer eigenen Spalte in der Tabelle. Hierbei wurden die im oben genannten Kapitel ausgeführten Beobachtungen über die jeweils mögliche Paraphrasierung zugrunde gelegt und in der hierfür vorgesehenen Spalte „Klasse" ebenfalls die dort eingeführten Abkürzungen verwendet.

Außerdem enthält die Tabelle ein Spalte „Aktionsart", für die Angabe der Aktionsart, die eventuell mit dem jeweiligen Funktionsverb bzw. dem Funktionsverbgefüge ausgedrückt werden kann.

Da ich hierbei die Vorgabe, nur die häufigsten Funktionsverbgefüge zu ermitteln und aufzubereiten, bereits berücksichtigen wollte, habe ich aus der oben beschriebenen Beispielmenge nochmals eine Auswahl unter dem Kriterium „Häufigkeit des Vorkommens" bzw. „Geläufigkeit der Verwendung" getroffen. Dadurch reduzierten sich die circa 5000 in Form von Listen - für jedes Funktionsverb hatte ich eine eigene Liste erstellt - zusammengetragenen Funktionsverbgefüge auf etwa die Hälfte der ursprünglichen Beispielmenge.

5.2 Aufbereitung einer FVG-Auswahl als Entailments

Aus der Tabelle von circa 2500 Funktionsverbgefügen habe ich - da eine Aufbereitung der gesamten FVG-Menge den zeitlichen Rahmen einer Diplomarbeit bei weitem gesprengt hätte - für jedes einzelne Funktionsverb fünf Beispiele ausgewählt, nach Möglichkeit aus der Klasse „BV" oder „BA", also Funktionsverbgefüge mit einem synonymen oder quasi-synonymen Basisverb als Paraphrase oder zumindest einem Basisadjektiv in Verbindung mit einer Kopula.

Zur Vorbereitung meiner Daten für eine Weiterverarbeitung zu Lexikon-Einträgen in HaGenLex habe ich jedes einzelne dieser Beispiele, also jeweils das Funktionsverbgefüge und sein Synonym oder seine Paraphrase, in der semi-formalen Darstellungsform als Entailment aufbereitet, wobei auf der rechten Seite meistens nur eine einzige der sieben möglichen Paraphrasen in Frage kam. Diese Entailments gestalten sich in einer verallgemeinerten Form wie folgt:

```
x1   FVG   x2   :   x1   BV/BA/BS/BADV/BVP/FVG/VV   x2
```

Die Nominalphrasen und Präpositionalphrasen innerhalb des Funktionsverbgefüges werden hierbei unverändert in die linke Seite des Entailments übernommen, gefolgt gegebenenfalls von möglichen bzw. von syntaktisch erforderlichen weiteren Komplementen.

Jedes Entailment beginnt mit „Der x1" als Repräsentation des Agens, sowohl auf der linken als auch auf der rechten Seite.

Der maskuline Artikel[1] „der", „des", „dem", „den" vor den jeweiligen Variablen für das Agens (x1) bzw. für die Komplemente (x2, x3, x4 usw.) dient hier lediglich zur Verdeutlichung des jeweils von der Syntax geforderten Kasus.

5.2.1 Unterscheidung der möglichen Fälle

In Bezug auf den Anschluß von Komplementen in Form von Nominalphrasen oder Präpositionalphrasen verhalten sich Funktionsverbgefüge sehr unterschiedlich, in Abhängigkeit offenbar vom jeweiligen Funktionsverb. Viele Funktionsverbgefüge fordern keinerlei Komplemente, ebenso viele jedoch verlangen zumindest ein Kom-

---

[1] der hier der Übersichtlichkeit wegen weggelassen wurde

plement.

Die Ergänzung durch ein zweites Komplement hingegen scheint meist fakultativ zu sein, ebenso weitere Komplemente. Dennoch habe ich auch diese zusätzlichen Komplemente (bzw. Adjunkte) in den Entailments dort, wo es mir sinnvoll erschien, aufgeführt.

Grundsätzlich kommen also folgende Möglichkeiten in Frage:

1.) kein Komplement

`x1` **FVG**

Beispiele:

„Der x1 **führt einen Einbruch aus**." (NP-FVG)

„Der x1 **bricht in Jubel aus**." (PP-FVG)

2.) ein Komplement

`x1` **FVG** `x2`

Beispiele:

„Der x1 **stattet** dem x2 **einen Besuch ab**." (NP-FVG)

„Der x1 **tritt** mit dem x2 **in Kontakt**." (PP-FVG)

3.) zwei Komplemente

`x1` **FVG** `x2` `x3`

Beispiele:

„Der x1 **stellt** dem x2 **eine Vollmacht** für den x3 **aus**." (NP-FVG)

„Der x1 **tritt** mit dem x2 wegen des x3 **in Verbindung**." (PP-FVG)

4.) drei Komplemente

`x1` **FVG** `x2` `x3` `x4`

Beispiele:

„Der x1 **stellt** dem x2 für den x3 über den x4 **eine Quittung aus**." (NP-FVG)

„Der x1 **bringt** den x2 mit dem x3 für den x4 **in Ordnung**." (PP-FVG)

5.) mehr als drei Komplemente

Solche Fälle, also Entailments mit x5, x6 usw., treten in der Praxis kaum auf und werden daher hier nicht näher betrachtet.

Ein etwas konstruiertes Beispiel hierfür wäre etwa die folgende „Aussage":

„Der x1 **bringt** den x2 mit dem x3 für den x4 gegenüber dem x5 **in Ordnung**." (PP-FVG)

Überhaupt fällt bei einer genaueren Betrachtung der Entailments auf, daß Funktionsverbgefüge mit einer Nominalphrase (NP-FVG), also diejenigen Nominalisierungsverbgefüge, die scheinbar ein direktes Objekt enthalten, eher noch zusätzliche Komplemente fordern oder diese zumindest anschließen können.

Hingegen scheinen Funktionsverbgefüge, die eine Präpositionalphrase enthalten (PP-FVG), zumindest dann, wenn sie aus einem intransitiven Funktionsverb und einer Präpositionalphrase bestehen, hinsichtlich ihrer Valenz auch ohne weitere Komplemente „gesättigt" und „abgeschlossen" zu sein. Dieser Unterschied in der Argumentstruktur müßte möglicherweise anhand von größeren Datenmengen noch genauer untersucht werden.

5.2.2 Anwendung der Entailment-Repräsentation auf meine FVG-Menge

Für das Funktionsverb „ablegen" und für das Funktionsverbgefüge „Zeugnis ablegen" in der 1. Zeile meiner FVG-Beispielmenge ergibt sich sodann folgendes **als linke Seite des Entailments**:

„Der x1 **legt Zeugnis ab** von dem x2." oder auch
„Der x1 **legt Zeugnis** von dem x2 **ab**." oder auch
„Der x1 **legt** von dem x2 **Zeugnis ab**."

Der Artikel „der" vor x1 bzw. „dem" vor x2 dient hier wiederum nur zur Verdeutlichung des von der Syntax geforderten Kasus.

Die Nominalphrasen und Präpositionalphrasen innerhalb der Funktionsverbgefüge werden, wie bereits erwähnt, unverändert in die linke Seite des Entailments übernommen, gefolgt gegebenenfalls von möglichen bzw. von syntaktisch erforderlichen weiteren Komplementen.

„Der x1" erscheint als Repräsentation des Agens sowohl auf der linken als auch auf der rechten Seite des Entailments.

Auf der rechten Seite eines Entailments steht die semi-formale Darstellung einer semantisch möglichst gleichwertigen Paraphrase, im Idealfall mittels des sogenannten Basisverbs. Als „Basisverb" wird in der Literatur ein mit dem Verbalisierungs-nomen im Funktionsverbgefüge stammverwandtes Vollverb bezeichnet.

Für das Funktionsverb „ablegen" und für das Funktionsverbgefüge „Zeugnis able-gen" in der 1. Zeile meiner FVG-Beispielmenge ergibt sich sodann **als rechte Seite des Entailments**, mit dem zugehörigen Basisverb „bezeugen":

„Der x1 **bezeugt** den x2."

Insgesamt ergibt sich dann für das Funktionsverbgefüge „Zeugnis ablegen" folgen-des Entailment:

Der x1 **legt Zeugnis** von dem x2 **ab**.   :   Der x1 **bezeugt** den x2.

5.2.3 Konvertierung in ein Parser-geeignetes Format

Für die zeilenweise Weiterverarbeitung der so aufbereiteten FVG-Beispielmenge durch einen Parser, in diesem Fall durch den speziell für HaGenLex im Lehrgebiet IICS der FernUniversität in Hagen entwickelten WOCADI-Parser, mußte nun noch ein geeignetes komprimiertes Format gewählt werden.

Ich entschied mich für die Darstellung der Entailments im CSV-Format.[2] Dieses Format ermöglichte eine Darstellung der Daten in jeweils einer einzigen Zeile, mit Strichpunkten als Trennzeichen zwischen den insgesamt sieben „Feldern" pro Zeile, nämlich „Funktionsverb", „Funktionsverbgefüge ", „Klasse", „Entailment - linke Seite", „Entailment - rechte Seite", „Aktionsart" und „Idiomatisch".

5.3 Repräsentation von Funktionsverbgefügen in HaGenLex

In **HaGenLex** sind bislang die Funktionsverbgefüge nicht als eigenständige Lexikon-Einträge im sogenannten IBL-Format[3], also in logischer Notation repräsentiert. Lexikon-Einträge bestehen jedoch für einen großen Teil der hier aufgeführten Funk-tionsverben.

Diese sind entweder direkt als Verben im Rahmen der Lexikon-Einträge für die

---

[2]Das CSV-Dateiformat beschreibt den Aufbau einer Textdatei zur Speicherung oder zum Aus-tausch einfach strukturierter Daten. Die Dateiendung CSV ist eine Abkürzung für Comma-Separated Values (seltener Character Separated Values oder Colon Separated Values).

[3]IBL = Inheritance Based Lexicon

Verben aufgeführt oder als eine von mehreren Lesarten eines Verbs.

Jeder einzelne dieser Lexikon-Einträge enthält einen passenden Beispielsatz, zusammen mit dessen Quellenangabe. Damit wird der semantische Valenzrahmen des jeweiligen Verbs sowie seine MultiNet-Spezifikation für eine eindeutige Repräsentation im Computerlexikon veranschaulicht.

Dies soll hier anhand von vier Beispielen für in HaGenLex enthaltene Funktionsverben beziehungsweise für dort aufgeführte Verben, die neben anderen Lesarten auch eine entsprechende „funktionsverbgemäße" Lesart aufweisen, illustriert werden.

Die folgenden Beispiele (je 2 Beispiele für NP-FVG und für PP-FVG als Lexikoneinträge in HaGenLex) wurden alle der sogenannten „Verbs Semantic View" in HaGenLex entnommen, wobei die drei Überschriftszeilen, also

Funktionsverbgefüge
Funktionsverb
Lexikoneintrag

zur Verdeutlichung von mir jeweils ergänzt wurden.

Funktionsverbgefüge : einen Eid ablegen
Funktionsverb : ablegen
Lexikoneintrag:

(„ablegen.1.3"
cat v
entity nonment-action
origin „JM 1999-02-12"
example „(Der Mann) (legt) (einen Eid) (ab)."
select (
(rel (agt) oblig + entity (type object sort o mental boolean animal boolean animate boolean artif boolean axial boolean geogr boolean human + info boolean instit boolean instru boolean legper boolean method boolean movable boolean potag + spatial boolean thconc boolean)) (rel (obj) oblig + entity (type entity sort ab)))
)

Funktionsverbgefüge : einen Brief aufgeben
FV: aufgeben
Lexikoneintrag:

(„aufgeben.3.2"

cat v

entity nonment-action

origin „RO 2005-01-04"

example „(Der Mann) (gibt) (einen Brief) (auf)."

select (

(rel (agt) oblig + entity (type object sort o mental boolean animal boolean anima-te boolean artif boolean axial boolean geogr boolean human boolean info boolean instit boolean instru boolean legper + method boolean movable boolean potag + spatial boolean thconc boolean)) (rel (obj) oblig + entity (type object sort co mental boolean animal boolean animate boolean artif boolean axial boolean geogr boolean human boolean info boolean instit boolean instru boolean legper boolean method boolean movable + potag boolean spatial boolean thconc boolean)))

)

Funktionsverbgefüge : zu einem Urteil gelangen
Funktionsverb : gelangen
Lexikoneintrag:

(„gelangen.1.2"

cat v

entity ment-event

origin „DS 1997-09-24"

example „(Das Gericht) (gelangt) (zu einem Urteil)."

select ((rel (mexp) oblig + entity (type object sort o mental boolean animal boolean animate boolean artif boolean axial boolean geogr boolean human boolean info boolean instit boolean instru boolean legper boolean method boolean movable boolean potag + spatial boolean thconc boolean)) (rel (mcont) oblig + entity (type object sort o mental boolean animal boolean animate boolean artif boolean axial boolean geogr boolean human boolean info + instit boolean instru boolean legper boolean method boolean movable boolean potag boolean spatial boolean thconc boolean)))

)

Funktionsverbgefüge : in Schwierigkeiten geraten

Funktionsverb : geraten

Lexikoneintrag:

(„geraten.1.2"

cat v

entity nonment-event

origin „RS 2000-04-19"

example „(Der Mann) (gerät) (in Schwierigkeiten)."

select ((rel (exp) oblig + entity (type object sort o mental boolean animal boolean animate boolean artif boolean axial boolean geogr boolean human boolean info boolean instit boolean instru boolean legper boolean method boolean movable boolean potag + spatial boolean thconc boolean)) (rel (obj) oblig +)))

5.4 Automatische Transformation von FVGs im komprimierten Format

Um die Weiterverarbeitung zu den formalen Einträgen in HaGenLex, wie sie im vorigen Absatz anhand von vier Beispielen gezeigt wurden, durch den WOCADI-Parser zu ermöglichen, war es erforderlich, die nun im komprimierten CSV-Format vorliegenden Entailments (s. Kapitel 5.2.2) noch weiter aufzubereiten.

5.4.1 Extraktion der syntaktischen Informationen aus den Komplementen

Der erste Schritt zu einer weiteren Abstraktion dieser semi-formalen Entailment-Darstellung bestand darin, aus den Entailments die implizit in Form von „der x1", „den x2", „dem x3", „zu dem x2", „gegen den x3" usw. gegebenen syntaktischen und Komplement-Informationen zu extrahieren.

Die Transformation von „Der x1", des sogenannten „Agens" also, womit sämtliche Entailments beginnen, bot keinerlei Schwierigkeiten, da dieses durchweg in eindeutiger Weise mittels „**np-nom-syn**" für „Nominalphrase im Nominativ" darstellbar war. Dies ergibt nach der Weiterverarbeitung zur MultiNet-Darstellung und zum Lexikon-Eintrag in Hagenlex die Relation „AGT" bzw. „rel(agt)oblig +)".

Die Komplemente der Funktionsverbgefüge, also die darin enthaltenen x2, x3, x4, usw., waren in der gleichen Weise zu konvertieren wie die Nominalphrasen und Präpositionalphrasen innerhalb der Funktionsverbgefüge selbst. Diese Konvertierung wird im folgenden Abschnitt ausführlich beschrieben.

In der MultiNet-Darstellung und im Lexikon-Eintrag werden aus dem Kasusrahmen dieser Komplemente, ebenso wie aus dem der Nominalphrasen und Präpositionalphrasen in den Funktionsverbgefügen selbst, verschiedene MultiNet-Relationen wie beispielsweise „OBJ" (rel(obj)), „DIRCL" (rel(dircl)), „RSLT" rel(rslt)), „BENF" (rel(benf)) usw., mittels derer die semantische Valenz dieser lexikalischen Konzepte beschrieben wird.

5.4.2 Extraktion der syntaktischen Informationen aus den Funktionsverbgefügen

Für eine weitere Formalisierung der Entailments war es unbedingt erforderlich, auch die in den Funktionsverbgefügen selbst implizit vorhandenen syntaktischen Informationen automatisch erfassen zu können, die sich in unterschiedlichster Form an der „Oberfläche" präsentierten.

So ist gewissermaßen „auf den ersten Blick" zwar noch eine Unterscheidung nach „Funktionsverbgefüge enthält eine Nominalphrase" (NP-FVG) oder „Funktionsverbgefüge enthält eine Präpositionalphrase" (PP-FVG) möglich.

Ebenfalls noch ohne weiteres möglich ist eine Differenzierung nach dem Numerus der Nominalphrase. Allerdings ist bei manchen Funktionsverbgefügen sowohl der Singular als auch der Plural möglich, was nicht unbedingt zur Vereinfachung des Problems beiträgt. Auch die Verwendung des Artikels ist nicht in allen Fällen strikt festgelegt. Manche Funktionsverbgefüge lassen beim Nomen sowohl den bestimmten als auch den unbestimmten Artikel zu, andere wiederum erlauben als Varianten sowohl den unbestimmten als auch den Nullartikel bei der Nominal- bzw. Präpositionalphrase.

Konvertierung der Nominalphrase im FVG

Relativ einfach gestaltete sich die Transformation der implizit syntaktisch gegebenen Komplement-Information bei denjenigen Funktionsverbgefügen, die aus einem Funktionsverb und einer Nominalphrase bestehen. Die Nominalphrase kommt nämlich fast ausschließlich im Akkusativ vor, weitaus seltener im Dativ oder Genitiv. In verallgemeinerter Form erschien diese Transformation als „**np-Kasus-syn**", mit „**np**" als Abkürzung für „Nominalphrase".

Jedoch mußten hierfür eine ganze Reihe von Transformations-Regeln aufgestellt werden, da in der Oberflächenstruktur diese Nominalphrasen entweder durch den bestimmten oder den unbestimmten Artikel in den verschiedenen Kasus, Genera und Numeri oder durch den Null-Artikel eingeleitet werden können, vereinzelt sogar durch ein Possessivum.

Somit war sicherzustellen, daß die folgenden, in der Oberflächenstruktur unterschiedlichen Nominalphrasen, als in der Tiefenstruktur gleich, d.h. syntaktisch gleichartig, erkannt und behandelt wurden, nämlich durch ihre einheitliche Transformation in „**np-acc-syn**":

„**den** Betrieb" im Funktionsverbgefüge *den Betrieb aufnehmen*

„**die** Aufsicht" im Funktionsverbgefüge *die Aufsicht ausüben*

„**das** Wort" im Funktionsverbgefüge *das Wort ergreifen*

„**einen** Verrat" im Funktionsverbgefüge *einen Verrat begehen*

„**eine** Reparatur" im Funktionsverbgefüge *eine Reparatur durchführen*

„**ein** Spiel" im Funktionsverbgefüge *ein Spiel austragen*

„**∅** Zweifel" im Funktionsverbgefüge *Zweifel hegen*

„**∅** Rache" im Funktionsverbgefüge *Rache nehmen*

„**sein** Dasein" im Funktionsverbgefüge *sein Dasein bestreiten*

Dasselbe galt auch für die folgenden Nominalphrasen, bei einheitlicher Transformation in „**np-dat-syn**":

„**dem** Wahnsinn" im Funktionsverbgefüge *dem Wahnsinn verfallen*

„**der** Leidenschaft" im Funktionsverbgefüge *der Leidenschaft verfallen*

„**einem** Beruf" im Funktionsverbgefüge *einem Beruf nachgehen*

„**einer** Kontrolle" im Funktionsverbgefüge *einer Kontrolle unterziehen*

um hier nur die häufigsten und wichtigsten Fälle aufzuzählen.

Konvertierung der Präpositionalphrase im FVG

Viel schwieriger hingegen war die Feststellung und Ausgabe der in der Präpositionalphrase implizit enthaltenen syntaktischen bzw. Komplement-Information. Daher mußte hierfür zunächst ein umfangreiches Regelsystem erstellt werden, um alle möglichen Fälle abzudecken.

Beispielsweise mußten die Präpositionalphrasen „**zu**+Nomen", „**zum**+Nomen" und „**zur**+Nomen" zusammengefaßt werden zu „**zu-dat-pp-syn**", da die Präposition „**zu**" den Dativ fordert.

In gleicher Weise mußten die Nomina in den Präpositionalphrasen „**in**+Nomen" sowie „**ins**+Nomen" als Akkusative erkannt und somit zusammengefaßt werden zu „**in-acc-pp-syn**", im Unterschied zur Präpositionalphrase „**im**+Nomen", mit dem Nomen im Dativ, die zu „**in-dat-pp-syn**" zu konvertieren war.

Dieselbe Differenzierung war zu treffen bei den Präpositionalphrasen „**an**+Nomen" sowie „**ans**+Nomen", die als Akkusative erkannt und somit in „**an-acc-pp-syn**" zu überführen waren, im Gegensatz zur Präpositionalphrase „**am**+Nomen", mit dem Nomen im Dativ, die zu „**an-dat-pp-syn**" zu konvertieren war.

In ähnlicher Weise waren auch alle übrigen Präpositionalphrasen in eine eindeutige formale Darstellung der allgemeinen Form „**Präposition-Kasus-pp-syn**" zu transformieren, mit „**gen**", „**dat**" und „**acc**" als Abkürzungen für Genitiv, Dativ und Akkusativ als dem darin auftretenden Kasus sowie „**pp**" als Abkürzung für „Präpositionalphrase".

5.4.3 Implementierung der automatischen Transformation

Die automatische Konvertierung der in den Entailments enthaltenen syntaktischen Informationen in die oben dargelegte formalisierte Darstellung war nun in geeigneter Weise zu implementieren.

Für diese Transformation brauchte nur die linke Seite der Entailments berücksichtigt zu werden, da für die Basisverben und für die - deutlich seltener auftretenden - anderen Vollverben als Paraphrasen auf der rechten Seite der Entailments (s. Kapitel 3.3) in den meisten Fällen bereits Lexikoneinträge in HaGenLex vorhanden waren.

Der folgende Abschnitt gibt eine kurze Beschreibung des Programms sowie des Programmablaufs.

5.4.4 Beschreibung des Programmablaufs

Beschreibung des Programms „csv2WoCaDi":

Zweck:

Einlesen einer CSV-Datei und Ausgabe der Syntax-Informationen für den WOCADI-Parser sowie Ausgabe der Funktionsverben mit ihren zugehörigen FVG-Entailments aus der CSV-Datei im LaTeX-Format.

Im Rahmen dieser Diplomarbeit lassen sich die programmtechnischen Details einer großen Applikation natürlich nur andeutungsweise realisieren. Daher ist meine Implementierung speziell auf meine Eingabedatei (FVG-Entailments im CSV-Format) abgestimmt, da es ja vor allem darum geht, die grundsätzliche Möglichkeit einer solchen Konvertierung beziehungsweise Sprachverarbeitung zu demonstrieren.

Voraussetzungen:

Die Spalten der CSV-Datei müssen den gegebenen Vorgaben entsprechen, also wie folgt aussehen:

1. Spalte = Funktionsverb.Index,
2. Spalte = Funktionsverbgefüge,
3. Spalte = Paraphrase,
4. Spalte = Klasse,
5. Spalte = Entailment_l_S,
6. Spalte = Entailment_r_S,
7. Spalte = Aktionsart,
8. Spalte = Idiomatisch.

Beispiel:

abstatten.1.1 — Dank abstatten — danken — SynoBV — Der x1 stattet dem x2 Dank ab für den x3. — Der x1 dankt dem x2 für den x3. — neutral — N

Das Format muß aus durch Semikola getrennten Zeichenketten bestehen. Der Zeichensatz ist auf UTF-8 festgelegt. In diesem Zeichensatz sollte die CSV-Datei bereitgestellt werden.

Programmiersprache:

Java, lauffähig ab Version 1.4.2

Klassen:

Start.java
dataObj.java

Die interne Funktionsweise und die Übergabeparameter der Methoden in den beiden Klassen sind direkt den Kommentaren im Programmcode zu entnehmen. Hier werden die Klassen nur prinzipiell beschrieben, da eine vertiefte Betrachtung den Rahmen dieser Dokumentation sprengen würde.

Die Klasse **Start.java** dient der Ablaufsteuerung. In der darin enthaltenen main-Methode wird ein Container „c" geschaffen, der sämtliche Datenobjekte (vom Typ dataObj) im Speicher hält. Die Dateinamen werden als Kommandozeilenparameter übergeben, mit der Option -l für LaTeX sowie -w für den WOCADI-Parser.

Die Zeile hat damit folgende Aufrufkonvention:

java Start <input.csv> -l|-w <output.ext>

wobei hier die Reihenfolge der Parameter strikt einzuhalten ist.

In der **main-Methode** wird zuvor die statische Methode **dataObj.Init**() aufgerufen, um alle HashTables (s. Klasse **dataObj**) zu initialisieren. In weiteren drei Aufrufen wird mit Hilfe von drei statischen Methoden innerhalb der Klasse **Start.java** die CSV-Datei eingelesen, sowie die Ausgabe-Dateien für den WOCADI-Parser und für LaTeX erzeugt.

Methode **CsvEinlesen:** Diese durchläuft iterativ die CSV-Datei und liest jede Zeile als Raw-Format in eine Instanz der Klasse **dataObj** ein. Alle Instanzen werden dann im Container c gesammelt.

Methode **dataObjAusgabe:** Hier wird ein Stream zur Ausgabedatei für das WoCaDi-Format geöffnet. Iterativ wird der Container c durchlaufen. Jedes Objekt wird diversen Konvertierungen unterzogen (in der Klasse **dataObj**), bevor dann mittels **writeToHaGenLex** in den Ausgabestream geschrieben wird.

Die Methode **dataObj2LaTeX** entspricht der Methode **dataObjAusgabe**, nur daß hier die Ausgabedatei für LaTeX erzeugt wird.

Die Klasse **dataObj.java** ist zuständig für die Konvertierung der Eingabedatei. Jede Instanz dieser Klasse repräsentiert eine Zeile der CSV-Datei, also einen kompletten Datensatz. Da hier die eigentliche Konvertierung vorgenommen wird, liegen hier auch die HashTables statisch ab.

Während sich im String csvLineBuffer das Raw-Format der CSV-Zeile befindet, gelangen die einzelnen Zellen nach Trennung in die mit colXXX bezeichneten Strings, deren Namen zur besseren Erkennbarkeit und Zuordnung mit den Spaltennamen der CSV-Datei assoziiert sind, bevor sie dann weiterverarbeitet werden.

Zur Verarbeitung und Erzeugung der Ausgabedateien werden die Spalten 1, 2 und 5 der CSV-Datei bearbeitet. Im Prinzip werden die dort gefundenen Verben, Nomina, Artikel, Präpositionen, Possessiva usw. mittels der HashTables auf das Ausgabeformat abgebildet. Die hierzu erforderliche Logik ist in der Hauptsache dem Programmcode der Methoden **doConsistVerb2Fvg**, **doConsistFvg2Entailment** und

doCalculateEntailments zu entnehmen.

Im Prinzip geschieht in diesen drei Methoden folgendes:

Test, ob das Funktionsverb syntaktisch richtig im FVG enthalten ist.

Test, ob das FVG im Entailment_1_S syntaktisch richtig enthalten ist.

Test, ob „Der x1" in jeder Zeile enthalten ist.

Test, ob „x2" (und ggf. „x3") in der Zeile vorkommt.

Durchlaufen der Hashtable und Suche nach dem Artikel, Nomen, Präposition usw.

Falls ein Artikel, Nomen, Präposition usw. gefunden wird und dieser im String vor x2 bzw. vor x3 steht, so wird er entsprechend abgebildet.

Die beiden Methoden „**writeToHaGenLex**" und „**writeToLaTeX**" schreiben jeweils das Ausgabeformat der Instanz in den entsprechenden Stream.

Weiterhin befinden sich am Ende der Klasse einige statische Hilfsmethoden.

Eventuelle Fehler in der CSV-Datei werden durch **try/catch-Anweisungen** abgefangen. In diesem Fall wird die fehlerhafte Zeile nicht bearbeitet. Eine entsprechende Fehlermeldung wird statt dessen ausgegeben. Das Programm fährt anschließend mit der nächsten Zeile fort, bis alle Zeilen abgearbeitet sind.

6 Verarbeitung des Datenmaterials

6.1 Probleme bei der Verarbeitung der Daten

Bereits während der Aquirierungsphase und bei der Erstellung der FVG-Tabelle traten immer wieder Zweifelsfälle und Fragen auf, aber auch bei der Verarbeitung der Daten können zahlreiche Problemen auftreten. Die meines Erachtens wichtigsten Zweifelsfälle und Probleme möchte ich in diesem Kapitel kurz skizzieren.

6.1.1 Das Problem des Nullartikels

Besonders problematisch sind **Präpositionalphrasen mit Nullartikel** und einer Präposition, die verschiedene Kasus regieren kann, wie beispielsweise „in", „an", „auf", „unter" und dergleichen.

In diesen rein morphologisch nicht differenzierbaren Fällen kann der korrekte Kasus für die Ausgabe der Syntaxinformation für die Nominalphrase im Funktionsverbgefüge wohl nur mit Hilfe entsprechender Lexikoneinträge für das Funktionsverb korrekt berechnet werden, da dieses den Kasus der Präpositionalphrase selegiert.

Beispiele für solche Problemfälle:

„*unter Strafe* stellen" (**Akkusativ**) vs. „*unter Strafe* stehen" (**Dativ**),

„*unter Einfluß* geraten" (**Akkusativ**) vs. „*unter Einfluß* stehen" (**Dativ**),

„*unter Verdacht* geraten" (**Akkusativ**) vs. „*unter Verdacht* stehen" (**Dativ**),

„*in Not* geraten" (**Akkusativ**) vs. „sich *in Not* befinden" (**Dativ**),

„*in Verhandlungen* treten" (**Akkusativ**) vs. „*in Verhandlungen* stehen" (**Dativ**),

„*in Führung* gehen" (**Akkusativ**) vs. „*in Führung* liegen" (**Dativ**),

„*in Verbindung* bringen" (**Akkusativ**) vs. „*in Verbindung* bleiben" (**Dativ**),

„*in Betrieb* nehmen" (**Akkusativ**) vs. „*in Betrieb* bleiben" (**Dativ**),

„*in Bewegung* setzen" (**Akkusativ**) vs. „*in Bewegung* bleiben" (**Dativ**),

„*in Ruhe* versetzen" (**Akkusativ**) vs. „*in Ruhe* lassen" (**Dativ**).

6.1.2 Das Problem der Komposita

Die Verarbeitung von Komposita stellt insofern ein Problem dar, als diese, um ihre Konvertierung in eine formale Darstellung zu ermöglichen, zunächst morphosyntaktisch analysiert und in ihre Bestandteile, zum Beispiel in Determinator und Determinans, aufgespalten werden müssen. [Win05]

Daß dies nicht einfach schematisch anhand der Art der Zusammensetzung möglich ist, sondern zuvor eine semantische Analyse des Kompositums anhand von Hintergrundwissen erforderlich ist, sollen die folgenden Beispiele belegen:

Einen **Termin**vorschlag machen = Einen Vorschlag **für einen Termin** machen

Eine **Termin**diskussion führen = Eine Diskussion **über einen Termin** führen

Einen **Sprechstunden**termin erhalten = Einen Termin **in der Sprechstunde** erhalten

Einen **Friseur**termin bekommen = Einen Termin **beim Friseur** bekommen

In derartigen Fällen, die gerade im Zusammenhang mit bestimmten Funktionsverben sehr häufig vorkommen, ist eine exakte semantische Analyse des Kompositums die Voraussetzung für eine korrekte Verarbeitung des damit gebildeten Funktionsverbgefüges.

6.1.3 Das Problem synonymer oder ähnlicher Funktionsverbgefüge

Zu bestimmten Funktionsverben finden sich recht häufig Funktionsverbgefüge mit Synonymen oder semantisch ähnlichen Begriffen in der Nominalphrase oder in der Präpositionalphrase, so daß es zu solchen Funktionsverbgefügen sozusagen mehrere **„Dubletten"**, also synonyme oder quasi-synonyme Funktionsverbgefüge gibt, die teilweise auf verschiedenen Sprachebenen verwendet werden.

Bei einem Teil dieser Funktionsverbgefüge handelt es sich hierbei um sogenannte Konnotationen[1], also synonyme Begriffe mit einer emotionalen oder sonstigen Nebenbedeutung.

Besonders zahlreiche Variationen, die teilweise noch mittels Komposita beliebig erweiterbar scheinen, bieten hier Funktionsverbgefüge, die in der Verwaltungssprache

---

[1]Dieser Begriff wird in der Literatur unterschiedlich definiert. Gelegentlich wird er in gleicher Bedeutung wie der Begriff „Synonym" gebraucht.

gebräuchlich sind, wie die folgenden Beispiele zeigen.

Funktionsverb **erteilen**:

Eine **Erlaubnis** erteilen
Eine **Genehmigung** erteilen
Eine **Einwilligung** erteilen
Eine **Zustimmung** erteilen
Eine **Befugnis** erteilen
Eine **Zusage** erteilen
Eine **Ermächtigung** erteilen
Eine **Vollmacht** erteilen
Eine **Lizenz** erteilen
Eine **Zulassung** erteilen
Eine **Konzession** erteilen

Funktionsverb **erlassen**:

einen **Befehl** erlassen
eine **Anordnung** erlassen
eine **Verordnung** erlassen
eine **Weisung** erlassen
eine **Direktive** erlassen
eine **Vorschrift** erlassen
ein **Dekret** erlassen
eine **Entscheidung** erlassen
eine **Regelung** erlassen
eine **Verfügung** erlassen
eine **Bestimmung** erlassen
eine **Durchführungsbestimmung** erlassen
eine **Ausführungsbestimmung** erlassen

Funktionsverb **leisten**:

Hilfe leisten
Beihilfe leisten
Beistand leisten
Unterstützung leisten
Assistenz leisten

sowie:

einen **Eid** leisten
einen **Schwur** leisten
ein **Gelöbnis** leisten

Bei der automatischen Verarbeitung solcher synonymer oder bedeutungsähnlicher Funktionsverbgefüge zu Lexikoneinträgen könnte man vielleicht die darin enthaltenen synonymen oder bedeutungsähnlichen Nominalphrasen bzw. Präpositionalphrasen in Form von Listen und mit entsprechenden Querverweisen im Lexikon eintragen.

6.1.4 Das Problem der lexikalischen Lücke

Für eine ganze Reihe von deutschen Funktionsverbgefügen gibt es keine Paraphrase oder auch nur annähernde Entsprechung in Form eines einfachen Verbs, so daß diese gewissermaßen eine **semantische Lücke im lexikalischen System** ausfüllen.

Beispiele hierfür sind folgende Funktionsverbgefüge:

in Gang *bringen*
zur Geltung *bringen*
zur Vernunft *bringen*
Aufschluß *geben*
in Verruf *geraten*
eine Vorlesung *halten*
in Betracht *kommen*
zur Geltung *kommen*
Karriere *machen*
Abstand *nehmen*
in Angriff *nehmen*
Stellung *nehmen*
Frieden *schließen*
in Gang *setzen*
außer Frage *stehen*
in Aussicht *stellen*
in Frage *stellen*
Anstalten *treffen*
Vorkehrungen *treffen*

Eine **lexikalische Lücke** füllen auch vor allem jene recht häufigen Funktionsverbgefüge, deren Nominalkomponente aus einem Kompositum besteht, wie die folgenden, teilweise bereits weiter oben genannten, Beispiele zeigen:

eine Meinungsverschiedenheit *austragen*

einen Lehrvertrag *abschließen*

Hausfriedensbruch *begehen*

einen Gesetzesentwurf *einbringen*

ein Arbeitsverhältnis *eingehen*

Rechtsmittel *einlegen*

Vorsichtsmaßnahmen *ergreifen*

einen Rechenschaftsbericht *erstatten*

einen Schiedsspruch *fällen*

Gastfreundschaft *genießen*

einen Meineid *leisten*

Wehrdienst *leisten*

eine Bilderbuchentwicklung *nehmen*

Gedankenaustausch *pflegen*

einen Waffenstillstand *schließen*

unter Gläubigerschutz *stellen*

einen Bombenanschlag *verüben*

Bei allen derartigen Funktionsverbgefügen ist eine Paraphrasierung weder in Form eines Basisverbs oder zumindest eines quasi-synonymen Vollverbs noch durch eine der übrigen weiter oben genannten Paraphrasen (s. Kapitel 2.3.3) möglich, sondern nur mit Hilfe von mehr oder weniger wortreichen Umschreibungen.

Daher können diese Fügungen auch nicht ohne weiteres in Form reglementierter Entailments aufbereitet werden, wodurch ihre automatische Verarbeitung erheblich erschwert wird im Vergleich zu „normalen" Funktionsverbgefügen.

6.1.5 Das Problem des inadäquaten Basisverbs

Offenbar gibt es vereinzelt Fälle von Funktionsverbgefügen, in denen das Nomen nicht mehr die ursprüngliche Bedeutung aufweist, sondern eine übertragene Bedeutung angenommen hat. Diese scheinen zwar auf den ersten Blick durch das entsprechende Basisverb paraphrasierbar zu sein, stimmen aber semantisch mit diesem in keiner Weise mehr überein.

Solche Fälle von morphologisch passenden[2], semantisch jedoch unpassenden Basisverben müssen von einem Sprachverarbeitungssystem als Sonderfälle erkannt und hierfür im (dem System) zugrundeliegenden Lexikon explizit aufgeführt werden.

Ein Beispiel hierfür ist das Funktionsverbgefüge „einen **Wink** geben", mit seiner nur scheinbar adäquaten Paraphrasierung durch das Basisverb „**winken**", wobei dieses Verb jedoch eine völlig andere Bedeutung hat als das paraphrasierte Funktionsverbgefüge. Dieses wäre eher mit „einen wichtigen Hinweis geben", „einen Tip geben", „auf etwas hinweisen" adäquat zu paraphrasieren.

Ähnlich verhält es sich mit dem Funktionsverbgefüge „eine **Vorlesung** halten", das nur scheinbar semantisch korrekt durch „**vorlesen**" paraphrasierbar ist, in Wirklichkeit jedoch ein typisches Beispiel für ein Funktionsverbgefüge darstellt, das eine sogenannte semantische Lücke im lexikalischen System schließt. Denn dieses Funktionsverbgefüge bezeichnet ja keineswegs das Vorlesen eines Buches oder eines Artikels und dergleichen, sondern das Unterrichten durch einen akademischen Lehrer an einer Universität oder einer Fachhochschule.

Auch das Funktionsverbgefüge „den **Zuschlag** erteilen" ist durch das zugehörige Basisverb „**zuschlagen**" nur dann korrekt paraphrasierbar, wenn aus dem Kontext die zu diesem Funktionsverbgefüge synonyme Lesart des Basisverbs eindeutig erkennbar ist. Die andere Lesart des Basisverbs „**zuschlagen**", die die Paraphrase zum Funktionsverbgefüge „einen Schlag versetzen" darstellt, muß also hier durch den Kontext von vornherein ausgeschlossen sein.

Im Unterschied hierzu ist die Wendung „auf den **Nerv** gehen" durchaus bedeutungsgleich mit dem zugehörigen Basisverb „**nerven**", obgleich auch hier das Nomen in der Präpositionalphrase nicht im wörtlichen Sinne, sondern metaphorisch gebraucht wird.

Daraus ist bereits ersichtlich, daß hier keine Verallgemeinerungen oder Regeln der Art „Wenn das Nomen im Funktionsverbgefüge eine übertragene Bedeutung hat, dann ist das zugehörige Basisverb nicht bedeutungsgleich oder -ähnlich" möglich sind. Vielmehr ist jeder derartige Sonderfall einzeln zu betrachten.

Jedenfalls sollen die hier angeführten Beispiele verdeutlichen, daß ohne eine grundlegende Analyse und entsprechende Vorverarbeitung derartiger Funktionsverbgefüge eine korrekte automatische Übersetzung nicht möglich ist.

---

[2]da sie als sogenannte Basisverben lt. Definition mit der Nominalphrase im Funktionsverbgefüge stammverwandt sind

6.1.6 Das Problem des mehrdeutigen Funktionsverbgefüges

Ein Problem könnte bei der automatischen Verarbeitung, insbesondere bei der Maschinellen Übersetzung eines Funktionsverbgefüges, auch dann entstehen, wenn dieses mehrere Bedeutungen haben kann, wie z.B. das Funktionsverbgefüge „**Schluß machen**".

Das System sollte in solchen, glücklicherweise relativ seltenen, Fällen möglichst anhand des Kontextes oder anderer Merkmale erkennen können, ob dieses Funktionsverbgefüge in der Bedeutung „**beenden**", „**schließen**" (z.B. eine Lehr- oder sonstige Veranstaltung, ein Geschäft, o. dgl.) oder in einer der übertragenen Bedeutungen „**eine Beziehung beenden**" oder „**sich das Leben nehmen**" verwendet wird.[3]

Ähnliche Probleme ergeben sich auch beim Funktionsverbgefüge „**eine Absage erteilen**", bei dem es sich entweder um eine Paraphrase für „absagen" im Sinne von „einen Termin absagen", „einem Bewerber absagen" und dergleichen handeln kann oder aber um eine Umschreibung für „ablehnen", „zurückweisen", „verurteilen".

Die jeweils richtige Bedeutung kann hier nur aus dem Kontext erschlossen werden, beispielsweise aus einem entsprechenden Attribut.

Dies zeigen die folgenden, dem DWDS-Korpus entnommenen, Beispiele:

„eine *entschiedene, scharfe, entschlossene, deutliche, feierliche, unverblümte, gründliche, frostige, unmißverständliche, radikale, ausdrückliche, schroffe, leidenschaftliche, offene, klare, bittere, prinzipielle, unzweideutige, grundsätzliche, unverhüllte, rigorose, einmütige, unüberhörbare, weitgehende, völlige, vernichtende, handfeste, öffentliche, absolute, glatte* **Absage erteilen**" deutet auf die Lesart „Zurückweisung", „Ablehnung", „Verurteilung" hin und verweist somit auf „**ablehnen**", „**zurückweisen**" oder „**verurteilen**" als die dem Funktionsverbgefüge entsprechenden Vollverben.

Dagegen legt

„eine *plötzliche, unerwartete, rechtzeitige, verspätete, jähe, pünktliche, nachträgliche, bedauerliche, vorherige, unvorhergesehene, offizielle, entschuldigende, kurze, äußerst liebenswürdig formulierte, schwierige, gelegentliche, rücksichtslose, glatte,*

---

[3]Unter Verwendung eben dieser Mehrdeutigkeit des Funktionsverbgefüges „Schluß machen" verkündete kürzlich ein ortsansässiger Geschäftsinhaber auf großen Plakaten seine Geschäftsaufgabe: „Ich mache Schluß!" (unter seinem todtraurigen Gesicht in Großaufnahme)

telefonische, schriftliche, briefliche, gleichzeitige, wiederholte, kurzfristige **Absage erteilen**" eher die Lesart „**Termin-Absage**" oder „**Kandidaten-Absage**" nahe und verweist damit auf das Basisverb „**absagen**".

Allerdings gibt es durchaus Grenzfälle, wie etwa

„eine *glatte, endgültige, definitive, offizielle* **Absage erteilen**",

die beide Interpretationen zulassen.

In solchen Zweifelsfällen ist eine Disambiguierung eventuell mit Hilfe der Syntax möglich, beispielsweise anhand der Feststellung, ob das Komplement ein Präpositionalausdruck mit der Präposisiton „an" oder ein indirektes Objekt ist.

Vor allem aber anhand der Semantik des jeweiligen Objektes kann eine Disambiguierung und damit die Wahl der passenden Paraphrase erfolgen:

„*einem Kandidaten, einem Bewerber, einem Freund, einer Feier, einem Gastgeber* **eine Absage erteilen**", d.h. sie „**absagen**"

steht gegenüber

„*der Ausländerfeindlichkeit, dem Kapitalismus, dem Rassismus, allen Versuchen, dem Fanatismus, dem Heldentum* **eine Absage erteilen**", d.h. sie „**zurückweisen**", „**ablehnen**" bzw. „**verurteilen**".

7 Funktionsverbgefüge in anderen Sprachen

Das Phänomen der Funktionsverben und der durchaus häufigen Verwendung von Funktionsverbgefügen gab es bereits im Lateinischen. Im Französischen des 15. bis 17. Jahrhunderts (sog. Mittelfranzösisch) wurden Funktionsverbgefüge sogar zu einer Massenerscheinung. [Bat00]

In einigen Sprachen haben sich die Funktionsverben im Laufe der Zeit immer stärker verbreitet, und es gibt Studien darüber, die feststellen, daß dies auf Kosten anderer Verbklassen, zum Beispiel der Partikelverben, stattfand. [But04]

Eine solche Entwicklung zeigt sich beispielsweise im modernen Persischen. Dort hat der Gebrauch von Funktionsverbgefügen dermaßen zugenommen, daß diese inzwischen sogar dabei sind, die einfachen Verben bis auf einige wenige Ausnahmen völlig zu verdrängen. [KD97]

Die im folgenden für verschiedene Sprachen zusammengestellten Listen von Funktionsverben und Beispiele für damit gebildete Funktionsverbgefüge scheinen die in der Literatur gelegentlich geäußerte Vermutung zu bestätigen, daß es sich bei Funktionsverben und Funktionsverbgefügen um eine allgemeinsprachliche Erscheinung handelt[1] und daß vor allem die Verben des Besitzes und Besitzwechsels sowie die Verben der Bewegung und des Ortswechsels als Funktionsverben fungieren können. [But04], [Pot01], [Win95], [Faz05]

---

[1]cf. hierzu auch Kapitel 2.2.1

7.1 Funktionsverbgefüge in anderen Sprachen: Anmerkungen und Beispiele

7.1.1 Funktionsverbgefüge im Lateinischen

Zur Illustration dafür, daß Funktionsverbgefüge keineswegs eine Erscheinung der Neuzeit sind, möchte ich hier zunächst einige Funktionsverbgefüge aus der Römerzeit erwähnen, die zudem eine erstaunliche Ähnlichkeit mit häufigen Funktionsverbgefügen in der deutschen Gegenwartssprache aufweisen. Die häufigsten Funktionsverben **im Lateinischen** sind die folgenden Verben:

dare (geben), **facere** (machen, tun), **gerere** (führen), **ponere** (stellen, setzen, legen), **mittere** (schicken), **subire** (erleiden), **inire** (hineingehen), **incidere** (hineinfallen), **agere** (handeln, tun), **venire** (kommen)

Einige Beispiele für lateinische Funktionsverbgefüge:

veniam *dare* (die Erlaubnis *geben*, erlauben)

crimini *dare* (zum Vorwurf *machen*, vorwerfen)

aurem *dare* (Gehör *schenken*, anhören)

operam dare (sich Mühe *geben*, sich bemühen)

bellum *gerere* (Krieg *führen*)

honores *gerere* (Ämter *bekleiden*)

gratias *agere* (Dank *sagen*, danken)

mentionem *facere* (erwähnen)

iudicium *facere* (ein Urteil *fällen*, urteilen)

impetum *facere* (angreifen)

clamorem *facere* (in Schreie *ausbrechen*)

bellum *facere* (Krieg *führen*)

scelus *facere* (ein Verbrechen *begehen*)

auxilio *venire* (zu Hilfe *kommen*, helfen)

foedus *inire* (ein Bündnis *eingehen*, schließen)

consilium *inire* (einen Beschluß *fassen*)

in periculum *incidere* (in Gefahr *geraten*)

in suspicionem *incidere* (in Verdacht *geraten*)

in aes alienum *incidere* (in Schulden *geraten*)

mortem *obire* (den Tod *finden*)

laborem *subire* (sich einer Mühe *unterziehen*)

periculum *adire* (sich in Gefahr *bringen*)

spem *inicere* (Hoffnung *machen*)

7.1.2 Funktionsverbgefüge im Englischen

Im Gegensatz zum Deutschen ist es sowohl **im Englischen** als auch **im Französischen** möglich, Bewegungsverben, wie beispielsweise „**fall**" und „**tomber**" (dt. „**fallen**") als Funktionsverben nicht nur mit Substantiven, sondern sogar auch mit Adjektiven, wie zum Beispiel „krank", „tot", „verrückt", „verliebt" und dergleichen zu Funktionsverbgefügen zu verbinden, um damit das Plötzliche, Unvorhersehbare einer Handlung oder eines Ereignisses als Aktionsart zum Ausdruck zu bringen.

Die wichtigsten und zum Teil äußerst produktiven Funktionsverben **im Englischen** sind die Verben **to have** (haben), **to take** (nehmen), **to give** (geben), **to make** (machen), **to pay** (zahlen), **to fall** (fallen), **to keep** (behalten), **to perform** (durchführen), **to commit** (begehen), **to supply** (liefern), **to issue** (erteilen), **to grant** (gewähren), **to set** (setzen, stellen), **to offer** (anbieten), **to get** (bekommen, geraten), **to hold** (halten), **to come** (kommen).

Einige Beispiele für englische Funktionsverbgefüge:

to have a rest, a read, a cry, a think, a look, a smoke, a chat, a walk, a try, a snooze, a bath,...

to take a sneak, a drive, a walk, a plunge, a stroll, a look, a run, a bite, a ride, a bow, a decision, place, account, into account, a picture,...

to give support, permission, instruction, information, absolution, an order, a shout, a sigh, a groan, a hint, a shiver, a pull, a ring, a smile, a try, a tour, a knock,...

to make a trade, a run, a joke, a trip, a promise, an apology, a request, an attempt, an offer, a contribution, a distinction, a payment, an observation, contact,...

to pay a visit, attention,...

to fall in love, ill, due, heir, into disuse, alaughing, into oblivion,...

to keep company, in touch,...

to get an answer, a slap, into danger, into debt,...

to set alight, in motion, a goal, into operation, light, on fire, sail, value,...

to issue a condemnation, the blessing, ordinance,...

to commit a crime, an outrage, perjury, adultery, forgery, piracy, suicide, ...

to supply evidence, replacement, a need, a want,...

to offer resistance, guarantee,...

7.1.3 Funktionsverbgefüge im Französischen

In einer aufschlußreichen kontrastiven Studie über deutsche und französische Funktionsverben und Funktionsverbgefüge, der zum großen Teil die hier angeführten Beispiele aus der französischen Gegenwartssprache entnommen sind, stößt man auf erstaunlich zahlreiche Analogien, was den Gebrauch einzelner Funktionsverben angeht, jedoch vereinzelt auch auf eine entgegengesetzte Verwendung. [Bat00]

Die wichtigsten Funktionsverben **im Französischen** seien daher hier zum Vergleich aufgeführt:

faire (machen), **donner** (geben), **porter** (tragen), **pousser** (stoßen), **commettre** (begehen), **entrer** (eintreten), **tomber** (fallen), **garder** (bewahren), **poser** (stellen, setzen, legen), **mettre** (stellen, setzen, legen), **prendre** (nehmen), **tenir** (halten), **tirer** (ziehen), **passer** (vorbeigehen), **éprouver** (prüfen), **perdre** (verlieren), **subir** (erleiden, sich unterziehen), **mener** (führen), **trouver** (finden), **procéder** (vornehmen), **apporter** (bringen), **rendre** (erweisen), **connaître** (erfahren)

Einige Beispiele für französische Funktionsverbgefüge:

faire peur (Angst *machen*, ängstigen)

faire une promenade (einen Spaziergang *machen*, spazierengehen)

faire une réparation (eine Reparatur *durchführen*, reparieren)

faire usage de (Gebrauch *machen* von, gebrauchen)

prendre la fuite (die Flucht *ergreifen*, flüchten)

prendre en considération (in Betracht *ziehen*)

prendre une disposition (eine Verfügung *treffen*)

tenir un discours (eine Rede *halten*)

poser une question (eine Frage *stellen*, fragen)

donner une gifle (eine Ohrfeige *geben*, ohrfeigen)

donner un ordre (einen Befehl *geben*, befehlen)

donner un baiser (einen Kuß *geben*, küssen)

mettre en question (in Frage *stellen*)

mettre en marche (in Gang *setzen*)

mettre dans l'embarras (in Bedrängnis *bringen*)

garder contenance (die Fassung *bewahren*)

perdre contenance (die Fassung *verlieren*)

procéder à une arrestation (eine Verhaftung *vornehmen*, verhaften)

procéder à un interrogatoire (ein Verhör *anstellen*)

apporter une preuve (einen Beweis *führen*, beweisen)

apporter son aide (Hilfe *leisten*)

entrer en vigueur (in Kraft *treten*)

entrer en collision (zusammenstoßen)

entrer en éruption (ausbrechen)

mener à son terme (zu Ende *führen*, beenden)

arriver à son terme (zum Abschluß *kommen*, abgeschlossen werden)

commettre suicide (Selbstmord *begehen*)

rendre service (einen Gefallen *erweisen*)

subir, connaître un changement (eine Veränderung *erfahren*)

trouver une application (Anwendung *finden*)

tomber malade, mort, fou, amoureux (*plötzlich* erkranken, sterben, verrückt werden, sich verlieben)

tomber d'accord (*plötzlich* zustimmen)

7.1.4 Funktionsverbgefüge im Italienischen

Im Italienischen sind, wie in einer größeren empirischen Studie [Quo07] dargelegt und anhand zahlreicher Beispiele belegt wird, Funktionsverbgefüge vor allem in der Kindersprache sehr häufig, besonders mit dem Funktionsverb „par excellence", **fare** (machen, tun). Die meisten Funktionsverbgefüge im Italienischen werden mit den Funktionsverben **fare** (machen, tun) , **dare** (geben), **prendere** nehmen), **fornire** (liefern) und **offrire** (bieten) gebildet.

Einige Beispiele für italienische Funktionsverbgefüge:

fare la doccia (duschen)

fare il bagno (ein Bad *nehmen*, baden)

fare finta (vortäuschen)

fare confusione (Lärm *machen*)

fare visita (einen Besuch *machen*, besuchen)

fare attenzione (aufpassen)

dare in una risata (in Gelächter *ausbrechen*)

dare certezza (Gewißheit *geben*)

dare dimostrazione (eine Vorführung *geben*, zeigen)

fornire dimostrazione ((eine Vorführung *geben*, vorführen)

offrire dimostrazione (eine Vorführung *bieten*, aufzeigen)

prendere in considerazione (in Erwägung *ziehen*, erwägen)

prendere la via (sich auf den Weg *machen*)

prendere paura (Angst *bekommen*)

prendere coraggio (Mut *fassen*)

7.1.5 Funktionsverbgefüge im Russischen

Auch **im Russischen** gibt es eine ganze Reihe von recht produktiven Funktionsverben. Diese haben vor allem die Funktion, die Aktionsarten (insbesondere die
inchoative und die kausative Aktionsart), für die in der russischen Sprache ohnehin erheblich mehr morphologische Ausdrucksmöglichkeiten als beispielsweise im
Deutschen bestehen, auszudrücken.

Die wichtigsten Funktionsverben im Russischen sind folgende Verben:

vchodit'/vojti (gehen), **brat'** (nehmen), **vesti** (bringen), **derzat'** (halten) , **privodit'/privesti** (setzen), **vyzyvat'/vyzvat'** (versetzen), **stavit'/postavit'** (führen, herbeiführen), **prichodit'/prijti** (gelangen), **ostavat'sja/ostat'sja** (bleiben), **okazyvat'/
okazat'** (leisten), **davat'** (geben), **padat'/popast'** (geraten), **pristupit'** (schreiten),
vstupat'/vstupit' (treten), **nachodit'sja** (sich befinden).

Einige Beispiele für russische Funktionsverbgefüge:

brat' načalo (seinen Anfang *nehmen*)

brat' primer (sich ein Beispiel *nehmen*)

brat' vlast' (die Macht *ergreifen*)

davat' mesto (Platz *machen*)

davat' pokazanie (eine Aussage *machen*)

davat' chod delu (in Gang *bringen*)

brat' objazatel'stvo (eine Verpflichtung *eingehen*)

vesti k razvitiju (zu einer Entwicklung *führen*)

privodit' k izmeneniju (eine Veränderung *herbeiführen*)

vyzvat' otravlenie (eine Vergiftung *hervorrufen*)

stavit'/postavit' v zavisimost' (in Abhängigkeit *bringen*)

stavit'/postavit' na vid (einen Verweis *erteilen*)

prichodit'/prijti v volnenie (in Erregung *geraten*)

prichodit'/prijtí k ubežzdeniju (zur Überzeugung *gelangen*)

popadat'/popast' v situaciju (in eine Situation *geraten*)

vstupat'/vstupít' v svjaz' (in Verbindung *treten*)

vstupat'/vstupit' v silu (in Kraft *treten*)

nachodit'sja v zavísimosti (*sich* in Abhängigkeit *befinden*)

nachodit'sja v sootvetstvii (*sich* in Übereinstimmung *befinden*)

nachodit'sja v sile (in Kraft *sein*)

ostavat'sja/ostat'sja v sile (in Kraft *bleiben*)

derzat' v zavisimosti (in Abhängigkeit *halten*)

pristupit' k osuscestvleniju (zur Durchführung *schreiten*)

vposit' vpesti (einen Antrag stellen)

okazyvat'/okazat' soprotivlenie (Widerstand *leisten*)

7.1.6 Funktionsverbgefüge im Finnischen

Die wohl häufigsten und somit wichtigsten Funktionsverben **im Finnischen** sind die folgenden Verben:

panna (stellen, setzen, legen), **tehdä** (machen, tun), **tuoda** (bringen, holen) **ottaa** (nehmen) und **hankkia** (sich beschaffen, holen)

Einige Beispiele für finnische Funktionsverbgefüge:

panna verolle (mit Steuer *belegen*, besteuern), Basisverb: verottaa

panna liikkeelle (in Umlauf *bringen*, verbreiten)

panna ehdolle (einen Vorschlag *machen*, vorschlagen), Basisverb: ehdottaa

panna alkuun (in Gang *setzen*)

tehdä sopimuksen (eine Vereinbarung *treffen*) (Basisverb: sopia)

tehdä keksintö (eine Erfindung *machen*) (Basisverb: keksiä)

tehdä tilaus (eine Bestellung *aufgeben*) (Basisverb: tilata)

tuoda markkinoille (auf den Markt *bringen*, vermarkten) (Basisverb: markkinoida)

ottaa huomioon (zur Kenntnis *nehmen*, beachten)

ottaa aurinkoa (ein Sonnenbad *nehmen*, sich sonnen)

ottaa puheeksi (zur Sprache *bringen*)

ottaa lomaa (Urlaub *machen*, Urlaub *nehmen*) (Basisverb: lomailla)

ottaa lahjuksia (Geschenke *nehmen*, bestechlich sein)

ottaa harkittavaksi (in Erwägung *ziehen*) (Basisverb: harkita)

hankkia rusketusta (sich bräunen, sich sonnen)

7.1.7 Funktionsverbgefüge im Chinesischen

Auch **im Chinesischen** gibt es die Möglichkeit, mit bestimmten Verben Funktionsverbgefüge zu bilden. Die semantische Trennung zwischen Verb und Nomen ist allerdings im Chinesischen nicht so starr wie beispielsweise in den europäischen Sprachen. Daher können viele Wörter sowohl Verb als auch Nomen und sogar auch Adjektiv sein. So heißt etwa „suàn zhàng" wörtlich „Rechnung rechnen" oder auch „rechnen Rechnung". Da es im Chinesischen keinerlei Flektion gibt, ist die exakte Bedeutung solcher Wortverbindungen oft nur aus dem Kontext oder aus der Satzstellung zu erschließen.

Als Funktionsverben treten zum Beispiel **zuò** (machen, tun), **zhíxíng** (durchführen), **zhuàn** (machen), **zhuàng** (stärken), **kāi** (öffnen), **fù** (gehen), **bì** (schließen), **zhí** (halten, ausüben, fassen), **shíxíng** (ausführen), **dài** (geben), **fàn** (verstoßen, angreifen), **shàng** (steigen, einsteigen), **fā** (entwickeln, versenden) und **wánchéng** (vollenden, ausführen) auf.

Einige Beispiele für chinesische Funktionsverbgefüge:

wánchéng gōngnéng (eine Funktion *erfüllen*)

zhuàn qián (Geld *machen*, verdienen)

dài kuǎn (einen Kredit *aufnehmen*, geben)

zhuàng dǎnzǐ (Mut *machen*)

duàn liàn shēnti (Sport *treiben*)

suàn zhàng (eine Rechnung *ausstellen*)

zuò liànxí (Übungen *machen*)

zhíxíng gōngzuò (Arbeiten *ausführen*)

kāi yè (eine Tätigkeit *aufnehmen*)

kāi gōng (in Betrieb *setzen*)

kāi fàn (Mahlzeit *halten*, essen)

kāi dòng ((sich)in Bewegung *setzen*, abmarschieren)

kāi wánxiào (Spaß *machen*, scherzen)

bì yè (eine Ausbildung *abschließen*)

fù rèn (ein Amt *antreten*)

fàn zuì (ein Verbrechen *begehen*)

fā yán (eine Rede *halten*)

shàng xué (zur Schule/Universität *gehen*)

7.1.8 Funktionsverbgefüge im Thailändischen

Die verbonominalen Konstruktionen sind keine neuartige Erscheinung im Thailändischen. In der Tat treten zahlreiche Beispiele auf, die sich seit jeher im schriftlichen und mündlichen Alltagsgebrauch finden lassen. Allerdings sind die verbonominalen Konstruktionen eher kennzeichnend für eine gehobene Sprachebene, der man in offiziellen Situationen oder in Schriftdokumenten begegnet. Großenteils sind es Lehnbildungen oder Lehnübersetzungen, die auf sog. „light verb constructions" im Englischen (to do research, to do business, to conduct an investigation, to make a decision) zurückführbar sind. [Kae07]

Die typischen Funktionsverben sind im Thailändischen folgende Verben: **tham** (tun, machen), **damnˊ:n** (durchführen), **dâyràp** (bekommen), **lon** (heruntergehen), **tân** (stellen, stehen), **háy** (geben), **sadæ:n** (darstellen), **sày** (anziehen, hineinsetzen)

Einige Beispiele für thailändische Funktionsverbgefüge:

damnˊ:n ka:nsç$:psu&:ˊn (Ermittlungen *durchführen*)

damnˊ:n ka:n/àphípra:y (eine Debatte *führen*)

damnˊ:n, tham ka:nce:raca: (Verhandlungen *führen*)

damnˊ:n, tham ka:ntrù:ˊtkhón (eine Untersuchung/Durchsuchung *vornehmen*)

tham ka:nwícay (Forschungen *durchführen*)

tham thúrakit (ein Geschäft *führen*)

tham ka:ntatsi&ncay (eine Entscheidung *treffen*)

háy ka:ntçˆ:nráp (in Empfang *nehmen*)

dâyràp khwa:mhe&nchçˆ:p (Zustimmung *finden*, zugestimmt werden)

lon thô:t (eine Strafe *vollziehen*)

sadæ:n khwa:mkhíthe&n (eine Meinung *äußern*)

sày khwa:m (Vorwürfe *machen*)

lon chÆˆ:/na:m (eine Unterschrift *leisten*)

7.1.9 Funktionsverbgefüge im Japanischen

Im Japanischen werden Funktionsverbgefüge vor allem mit dem Verb **suru** (tun, machen) als Funktionsverb gebildet, in Verbindung mit einem Verbalsubstantiv als direktem Objekt. Häufig sind sie durch ein Basisverb paraphrasierbar. Diesen japanischen Funktionsverbgefügen entsprechen im Deutschen zum großen Teil ebenfalls Funktionsverbgefüge, und zwar solche mit Funktionsverben wie zum Beispiel „machen". „führen", „bringen", „treffen", „geben". [TF98]

Einige Beispiele für japanische Funktionsverbgefüge:

deNwa-*suru* (einen Anruf *tätigen*, anrufen)

juNbi-*suru* (Vorbereitungen *treffen*)

jitsueN-*suru* (eine Vorführung *geben*)

kakuniN-*suru* (eine Bestätigung *geben*, bestätigen)

keNkyuu-*suru* (eine Studie *durchführen*, forschen)

machiawase-*ru* (eine Verabredung *treffen*, sich verabreden)

seeri-*suru* (in Ordnung *bringen*, ordnen)

shippitsu-*suru* (einen Aufsatz *schreiben*)

uchiawase-*ru* (eine Verabredung *treffen*, sich treffen)

o-hanashi-*suru* (ein Gespräch *führen*)

shokuji-*suru* (eine Mahlzeit *einnehmen*, essen)

choosee-*suru* (einen Termin *machen*)

o-negai-*suru* (eine Anfrage *durchführen*, anfragen)

soodaN-*suru* (eine Diskussion *haben*, diskutieren)

7.1.10 Funktionsverbgefüge im Arabischen

Im Arabischen haben die Funktionsverben und Funktionsverbgefüge vor allem die Funktion, einen Aspektwechsel oder auch eine kinetische Komponente auszudrücken, wobei die Konstruktionen mit Präpositionalausdrücken vorherrschend sind. [Hel02]

Das bei weitem häufigsten Funktionsverb ist das Verb 'mal (machen, tun). Dieses Verb wird sowohl als Vollverb als auch als Funktionsverb gebraucht, letzteres überwiegend in lexikalisierten Konstruktionen. [Sam07]

Auch im Arabischen sind die Funktionsverben durch eine weitgehende semantische

Abschwächung zugunsten des prädikativen Nomens gekennzeichnet. Ebenso wie im Deutschen gibt es einen fließenden Übergang zwischen Kollokationen, Funktionsverbgefügen und Idiomen.

Einige Beispiele für arabische Funktionsverbgefüge:

'*mal* ta'sila (ein Nickerchen *machen*)

'*mal*dura (einen Ausflug *machen*)

'*mal* tahwisa (einen Spaziergang *machen*)

'*mal* zaw (feiern)

'*mal* qa'da (sich unterhalten)

'*mal* hammem (ein Bad *nehmen*)

'*mal* kess (ein Glas trinken)

'*mal* qahwa (einen Kaffee trinken)

'*mal* siguaru (eine Zigarette rauchen)

'*mal* sute (hinfallen)

'*mal* effor (sich anstrengen, eine Anstrengung *unternehmen*)

'*mal* el hiss (Lärm *machen*)

'*mal* muskla (Schwierigkeiten *hervorrufen*)

'*mal* 'amalia (eine Operation *durchführen*, sich operieren *lassen*)

'*mal* 'afar (ein gutes Geschäft *machen*)

8 Maschinelle Übersetzung von Funktionsverbgefügen

Die korrekte automatische Verarbeitung von phraseologischen Mehrwortverbindungen, also Verbindungen wie den Funktionsverbgefügen, deren Gesamtbedeutung sich nicht ohne weiteres kompositionell aus der Grundbedeutung der beteiligten Lexeme erschließt, ist nicht nur allgemein für jegliches Sprachverarbeitungssystem von enormer Bedeutung, sondern auch eine wichtige Voraussetzung auf dem Weg zu einem einsatzfähigen Übersetzungssystem. [Kuh94]

Daher möchte ich abschließend noch auf die semantische Auswertung und den Transfer von Funktionsverbgefügen in die Zielsprache bei der Maschinellen Übersetzung eingehen. Einige häufige Probleme, die im Rahmen einer Maschinellen Übersetzung auftreten können, möchte ich hier kurz anhand von Beispielen erläutern.

8.1 Probleme bei der syntaktischen Auswertung

Die Problematik, daß es bei bestimmten Präpositionen vor artikellosen Präpositionalphrasen[1] im Funktionsverbgefüge teilweise nicht möglich ist, aus der Oberflächenstruktur der Präpositionalphrase die Kasusinformation für das FVG-Nomen abzuleiten, wurde bereits im Zusammenhang mit den Problemen bei der automatischen Transformation der Daten (s. Kapitel 6.1.1) in ein Parser-gerechtes Format erläutert.

Sie stellt auch beim automatischen Transfer von Funktionsverbgefügen in eine Zielsprache eine Schwierigkeit dar, die vermutlich nur über entsprechende Zusatzinformationen im Computerlexikon zu lösen ist.

Ein weiteres Problem ergibt sich aus dem komplizierten Valenzrahmen der Funktionsverben aufgrund ihrer abgeschwächten Semantik innerhalb von Funktionsverbgefügen gegenüber dem Gebrauch als Vollverben.

---

[1] z.B. „in", „an", „auf", „unter" vor einem sogenannten Nullartikel

Wie bereits in Kapitel 2.2.2 erwähnt, wird von Achim Stein in seiner Abhandlung zur Valenz komplexer Prädikate [Ste96] betont, daß die meisten Funktionsverben hochgradig polysem sind und daher über unterschiedliche Valenzrahmen verfügen.

Aufgrund dieser Tatsache gibt Stein folgendes zu bedenken:

„Es ist nicht einsichtig, warum an diese Verben nur für die Fälle, in denen sie mit anderen Prädikaten verbunden sind, eigene syntaktische und semantische Maßstäbe angelegt werden sollen.

Zufriedenstellender wäre, wenn sich die syntaktische Struktur der Verb-Substantiv-Verbindung nach möglichst allgemeinen Prinzipien beschreiben ließe. Diese Möglichkeit bieten neuere unifikationsgrammatische Ansätze. (...) Im Folgenden wird versucht, die Beschreibung von Verb-Substantiv-Verbindungen als Ergebnisse von Unifikationen zu präzisieren. (...)

In syntaktischer Hinsicht steht die Frage im Mittelpunkt, ob die ganze Verb-Substantiv-Verbindung Valenzträger ist oder nur das prädikative Substantiv. Es wird vorgeschlagen, daß für die Bildung komplexer Prädikate beide Bestandteile gleichermaßen relevant sind. (...)

Im Gegensatz zu Helbig (d.h. zu [Hel84]) wird vorgeschlagen, daß die Argumentstruktur des an komplexen Prädikaten beteiligten Verbs keine besondere ist, sondern daß genau eine der Konstruktionmöglichkeiten des Verbs unverändert Anwendung findet. Weiterhin werden allgemeine syntaktische und semantische Beschränkungen vorgeschlagen, die die Verbindung beider Prädikate regeln, indem sie bestimmen, unter welchen Bedingungen zwei Argumente unifizieren dürfen." [Ste96]

Weitere Syntaxfragen und -probleme, die beim automatischen Transfer von Funktionsverbgefügen in eine Zielsprache auftreten können, sowie Lösungsvorschläge hierfür finden sich u.a. in einer Studie von Heike Winhart zum VERBMOBIL-Projekt. [Win05]

8.2 Probleme bei der semantischen Auswertung

Da es lexikalisierte Funktionsverbgefüge gibt, die die gleiche Form haben können wie freie Verb-Nomen-Verbindungen, ist es manchmal notwendig, anhand des Kontextes zu entscheiden, ob überhaupt ein Funktionsverbgefüge vorliegt. Erst dadurch wird bei diesen glücklicherweise relativ seltenen Zweifelsfällen eine korrekte Übertragung aus der Quellsprache in die Zielsprache überhaupt erst ermöglicht.

Beispiele für solche nicht sofort entscheidbare Fügungen sind:

zur Verhandlung kommen (1. sich zur Verhandlung hinbegeben, 2. verhandelt werden)

zum Rasen bringen (1. wütend machen, 2. zu einer Rasenfläche hinbringen)

sich in der Diskussion befinden (1. in einer Diskussionsrunde anwesend sein, 2. aktuell diskutiert werden)

Derartige nicht eindeutige Wortverbindungen kommen offenbar vor allem bei sehr produktiven Funktionsverben wie beispielsweise „bringen" und „kommen" vor, wenn diese in Verbindung mit einer Verbalnominalisierung auftreten.

Eine ausführliche Darstellung zur semantischen Auswertung von Funktionsverbgefügen als Voraussetzung für deren Transfer in eine Zielsprache bietet die oben genannten Studie von Heike Winhart zum VERBMOBIL-Projekt. [Win95]

8.3 Probleme beim Transfer Quellsprache - Zielsprache

Ein weiteres Problem ergibt sich bei der Übertragung von Funktionsverbgefügen von einer Quellsprache in die Zielsprache dadurch, daß das Funktionsverb im Funktionsverbgefüge der Quellsprache sehr oft nicht wörtlich in die Zielsprache übertragen werden darf.

Vielfach wird nämlich von der Zielsprache ein völlig anderes Verb als Funktionsverb gefordert oder sogar eine völlig andere Konstruktion.

Beispiele für den Gebrauch unterschiedlicher Verben als Funktionsverben oder zumindest unterschiedlicher Verbalkonstruktionen (z.B. mit anderen Präpositionen) bei „gleicher" Semantik, d.h. beim Vorhandensein eines einzigen deutschen Basisverbs[2] als Paraphrasierung des jeweiligen Funktionsverbgefüges in allen drei Sprachen sind unter anderem die folgenden Funktionsverbgefüge:

blühen: in Büte *stehen* - *to be* in bloom - *être* en fleur
spazierengehen: einen Spaziergang *machen* - *to take* a walk - *faire* une promenade
krank sein: *an* einer Krankheit *leiden* - *to suffer from* a disease - *souffrir d'*une

---

[2]soweit das Funktionsverbgefüge nicht ohnehin eine sog. lexikalische Lücke schließt, cf. das letzte Beispiel, „in Frage stellen", oder das Basisverb zwar vorhanden, aber semantisch unpassend ist, cf. das vorletzte Beispiel, „eine Vorlesung halten"

maladie

entscheiden: eine Entscheidung *treffen* - *to make* a decision - *prendre* une décision

kontaktieren: Kontakt *aufnehmen* - *to make* contact - *entrer* en contact

vorlesen: eine Vorlesung *halten* - *to give* a lecture - *faire* un cours

fraglich machen: in Frage *stellen* - *to call* into question - *mettre* en question

In manchen Fällen entspricht einem Funktionsverbgefüge in der Quellsprache ein einfaches Verb („Vollverb") in der Zielsprache, beispielsweise bei:

to give a groan - *gémir*

Kritik *üben* - *criticise*

Angst *machen* - *to frighten*

einen Beitrag *leisten* - *to contribute*

In anderen Fällen wiederum stimmen die Funktionsverbgefüge in Quellsprache und Zielsprache mehr oder weniger exakt überein:

einen Schrei *ausstoßen* - *pousser* un cri

einen Mord *begehen* - *to commit* a murder - *commettre* un assassinat

eine Frage *stellen* - *poser* une question

Jedoch ist sehr häufig, möglicherweise gerade im Bereich der gesprochenen Sprache, sogar genau dasselbe Funktionsverbgefüge beim Transfer aus der Quellsprache (hier im Beispiel das Deutsche) in die Zielsprache (hier im Beispiel das Englische) je nach Kontext durch völlig verschiedene Wendungen zu substituieren.

Im folgenden werden einige Beispiele hierfür aufgeführt, aus verschiedenen Gesprächs-Ausschnitten, die durch das an der Universität Saarbrücken entwickelten Verbmobil-System vom Deutschen ins Englische übertragen und in einer Datenbank gespeichert wurden. [IMS05]

„in Frage kommen":

1a)...für mich *würden* dann nur der Dienstag und der Mittwoch, der fünfzehnte und der sechzehnte März, *in Frage kommen*.

1b)...only Tuesday and Wednesday, the fifteenth and the sixteenth of March *would be possible* for me then.

2a)...also, für mich *würde*, was die Reise angeht, ein Termin im Bereich zwischen dem dritten und fünfzehnten Juli dieses Jahres *in Frage kommen*.

2b)...well, as far as the trip is concerned, a date between the third and the fifteenth of July this year *would suit me*.

3a)...gibt es Termine, die für Sie *überhaupt nicht in Frage kommen*?

3b)...are there any dates that *are completely out of the question* for you?

4a)...also es *würde* eigentlich nur der zwölfte und der neunzehnte *in Frage kommen*.

4b)...then only the twelfth and the nineteenth actually *come into consideration*.

5a)...dann *würde eigentlich nur noch* der neunundzwanzigste *in Frage kommen*.

5b)...*the last possibility would be* the twenty-ninth then.

„in Betracht kommen":

1a)...gut, und danach *käme* bei mir der Februar *in Betracht*.

1b)...okay, and after that February *would be possible* for me.

2a)...für mich *käme* auch der neunzehnte, Samstag, *in Betracht*.

2b)...for me the nineteenth *would be suitable*, too.

3a)...die einzigen Samstage im Juni, die für mich *in Betracht kommen*, sind der Samstag, der zwölfte und Samstag, der neunzehnte Juni.

3b)...the only Saturdays that *come into consideration* for me, are Saturday the twelfth and Saturday the nineteenth of June.

9 Zusammenfassung und Ausblick

In der vorliegenden Arbeit wurde der Versuch unternommen, einen allgemeinen Ansatz zur Darstellung der deutschen Funktionsverbgefüge im Rahmen des Computerlexikons HaGenLex zu beschreiben, d.h. eine Darstellung der Funktionsverbgefüge ohne besondere Berücksichtigung der verschiedenen möglichen Anwendungsbereiche dieses Lexikons, wie etwa Analyse oder Generierung von Sprache.

Für solche speziellen Anwendungsbereiche müssen noch weitergehende Anforderungen an die lexikographische Beschreibung der zu analysierenden oder zu generierenden sprachlichen Wendungen erfüllt werden.

Die vielfältigen Fragestellungen und Probleme, die bei der Sammlung und Aufbereitung der Daten als reglementierte Entailments sowie bei der Implementierung ihrer Konvertierung in ein parsergerechtes Format für die Erstellung von Lexikoneinträgen durch den WOCADI-Parser auftraten, konnten leider im zeitlichen Rahmen einer Diplomarbeit nicht alle ausführlich behandelt werden. Jedoch habe ich versucht, einige davon zumindest ansatzweise zu beschreiben und mögliche Lösungen hierfür zu finden und anzudeuten.

Ein wichtiges Ergebnis dieser Arbeit im Hinblick auf die Automatische Sprachverarbeitung und insbesondere für die Maschinelle Übersetzung scheint mir die Erkenntnis zu sein, daß es auch bei den Funktionsverbgefügen Fälle gibt, in denen mehrere Lesarten möglich sind.

Das bedeutet jedoch, daß die Paraphrasierung eines Funktionsverbgefüges durch ein sogenanntes Basisverb nicht in jedem Fall und ohne weiteres kritiklos angewendet werden kann. Vielmehr muß im Einzelfall und anhand des Kontextes entschieden werden, welche Lesart des Funktionsverbgefüges jeweils gültig ist und welche Paraphrase demnach an dieser Stelle als die einzig richtige in Frage kommt.

Als Beispiel für derartige **Funktionsverbgefüge mit mehreren Lesarten** sei hier nochmals das Funktionsverbgefüge „**eine Absage erteilen**" genannt, mit seinen beiden unterschiedlichen Lesarten, denen somit zwei unterschiedliche Paraphrasen entsprechen, nämlich das Basisverb „**absagen**" (oder „**stornieren**") beziehungsweise die Vollverben „**ablehnen**", „**zurückweisen**" oder „**verurteilen**".

Ein weiteres Beispiel für mehrere mögliche Lesarten ist das Funktionsverbgefüge „**eine Order erteilen**", das je nach Lesart im aktuellen Kontext mit seinem Basisverb „**ordern**" (oder „**bestellen**") beziehungsweise mit den Vollverben „**anordnen**" oder „**befehlen**" zu paraphrasieren ist.

Andererseits gibt es durchaus auch **Basisverben mit mehreren Lesarten**, denen somit unterschiedliche Funktionsverbgefüge entsprechen. Als Beispiel sei hier nochmals das Basisverb „**unterrichten**" genannt, das zwei unterschiedliche Lesarten aufweist, und dem somit auch zwei verschiedene Funktionsverbgefüge entsprechen, nämlich „**Unterricht erteilen**" und „**in Kenntnis setzen**".

Aus all dem Genannten ergibt sich die Forderung, daß in einem Computerlexikon die entsprechenden Informationen enthalten sein müssen, sei es beim Basisverb oder beim Funktionsverbgefüge oder bei beiden Lexikoneinträgen, um Verständnisprobleme, inadäquate Übersetzungen und dergleichen bei der automatischen Verarbeitung von Sprache durch ein System vermeiden zu können.

Die hier genannten Beispiele sowie die Ausführungen und Beispiele hierzu in einer korpusbasierten Fallstudie zu Nominalisierungsverbgefügen [Sto06b], als deren Subklasse Funktionsverbgefüge zu betrachten sind, belegen das sehr deutlich.

Gerade in diesem Zusammenhang, aber auch im Zusammenhang mit den textuellen Funktionen der Funktionsverbgefüge scheinen mir noch umfangreiche vertiefende empirische Forschungen und Korpusanalysen erforderlich zu sein, da es sich bei den Funktionsverbgefügen eben nicht - wie in der oben genannten Fallstudie ausführlich belegt und dargestellt wird - um reine „Streckformen" handelt, die sich von den Basisverben nur stilistisch unterscheiden würden.

„Vielmehr besitzen beide sprachliche Konstruktionstypen ein jeweils spezifisches Potenzial für die Informationsstrukturierung, für die Herstellung von Textkohärenz und für die Perspektivierung von Sachverhalten." [Sto06b]

Vor dem Hintergrund seiner Bedeutung für die automatische Verarbeitung und Übersetzung von Texten müßte meines Erachtens auch dieser Aspekt der Funktionsverbgefüge von der computerlinguistischen Forschung viel stärker beachtet werden als es bislang der Fall war.

In diesem Zusammenhang scheinen mir die folgenden Ausführungen und Anregungen in der Fallstudie von Angelika Storrer [Sto06b] bedeutsam zu sein:

„Die Verfügbarkeit digitaler und linguistisch aufbereiteter Textcorpora und entsprechender Suchwerkzeuge vereinfacht derartige Analysen, auch wenn die Detailuntersuchungen immer noch aufwändig sind und einen linguistisch geschulten Kopf erfordern.

Dass eine Systematisierung der hier nur intuitiv beschriebenen Phänomene letztlich vor dem Hintergrund einer diskurssemantischen Theorie erfolgen muss, versteht sich.

Dennoch wird an den Ergebnissen der Fallstudie deutlich, dass es ratsam ist, sich zunächst nicht von tradierten Annahmen über Merkmale und Vorzüge des einen oder anderen Konstruktionstyps beeinflussen zu lassen, sondern die Daten mit einem theoretisch unvoreingenommenen Blick zu analysieren.

Dies gilt insbesondere für Annahmen, die auf selbst konstruierten, kontextfreien Beispielsätzen und nicht auf **authentischen** Corpusdaten basieren." [Sto06b]

Auch in der vergleichenden Studie über deutsche Funktionsverbgefüge in Korpora und Wörterbüchern (mit einer beispielhaften korpusbasierten Analyse von drei deutschen Funktionsverben[1] und Vorschlägen für ihre lexikographische Darstellung) von Patrick Hanks et alii [Han06] wird ausdrücklich der große Vorteil des heutzutage möglichen „unmittelbaren" Zugriffs auf umfangreiches Sprachmaterial in Form von Textkorpora für den Lexikographen hervorgehoben.

Hierdurch seien nämlich weitaus zuverlässigere lexikographische Verallgemeinerungen bezüglich der Semantik und des Gebrauchs von Wörtern möglich als jemals zuvor. Allerdings würden solche neueren Erkenntnisse nicht sofort Eingang in Neuauflagen von Wörterbüchern finden, da diese meistens eher eine verbesserte Version der alten Auflage seien als ein radikaler Neuanfang.

Eine ähnliche Einschätzung findet sich im Vorwort der Herausgeber der Zeitschrift „Linguistik online", Anton Näf und Rolf Duffner, zum Leitartikel und Leitthema der Ausgabe 28,3/05 dieser Zeitschrift, „Korpuslinguistik im Zeitalter der Textdatenbanken":

„Zu den Funktionsverbgefügen gibt es seit gut vierzig Jahren eine umfangreiche

---

[1] leisten, erteilen und hegen

Forschung. Diese hat sich aber überwiegend mit Abgrenzungs- und Definitionsfragen befasst und darüber schlicht die **empirische** Erhebung der sprachlichen Fakten vernachlässigt.

Im Rahmen seiner 2006 an der Universität Neuchâtel verteidigten Dissertation hat nun Alain Kamber erstmals die häufigsten Funktionsverbgefüge auf einer breiten **empirischen** Grundlage (Analysekorpus von 5 Millionen und Kontrollkorpus von 60 Millionen Textwörtern) untersucht und nach ihren syntaktischen (Erweiterbarkeit, Komplementierbarkeit usw.) und semantischen Verwendungsweisen analysiert.

Anhand des hochfrequenten Funktionsverbs „kommen" stellt Kamber in diesem Beitrag sein Vorgehen und seine Ergebnisse vor. Diese werden sodann mit den Einträgen in den gängigen Wörterbüchern und Grammatiken verglichen.

Kambers Resultate sind auch von unmittelbar praktischem Nutzen, zum einen bei der Überarbeitung der ein- und zweisprachigen Wörterbücher, zum andern für die Praxis des DaF-Unterrichts (z. B. die nach Archilexemen geordneten Zusammenstellungen von (quasi)synonymen Funktionsverbgefügen)." [Näf05]

Diesen Beurteilungen der Forschung in der Vergangenheit und diesen Anregungen für die zukünftige Forschung über das Thema „Funktionsverbgefüge" möchte ich mich an dieser Stelle uneingeschränkt anschließen und hoffe gleichzeitig, mit meinem vorwiegend empirischen und teilweise korpusbasierten Vorgehen in der vorliegenden Arbeit einen - wenn auch bescheidenen - Beitrag in dieser Richtung geleistet zu haben.

Hinzufügen möchte ich noch, daß die Verwendung der Funktionsverbgefüge im **mündlichen Sprachgebrauch** der deutschen Sprache offenbar auch heute noch weitgehend unerforscht ist und daß hier ein Vergleich dieses mündlichen Sprachgebrauchs mit der geschriebenen Sprache sicherlich sehr aufschlußreich wäre.

Vermutlich würde sich bei einem solchen Vergleich herausstellen, daß etliche der in dieser Arbeit aufgeführten Funktionsverben (z.B. **anstellen, ausführen, durchführen, erlassen, erstatten, leisten, schließen, treiben, unternehmen, vornehmen** usw.) in der heutigen deutschen Umgangssprache zumindest teilweise durch das Funktionsverb „**machen**" substituiert werden.

Ähnlich würde man sicherlich bei manchen Funktionsverbgefügen feststellen, daß umgangssprachlich statt der hier aufgeführten Funktionsverben (z.B. **aufweisen, betreiben, hegen, liegen, wahrnehmen, zeigen**) in vielen Fällen einfach nur die

Hilfsverben „**haben**" und „ **sein**" verwendet werden .

Solche Feststellungen könnten aber durchaus auch für Sprachverarbeitungssysteme von Bedeutung sein, beispielsweise für Frage-Antwort-Systeme oder auch für Übersetzungssysteme.

A Funktionsverbgefüge (CVC) im TIGER-Korpus

abgeben
Statements

aufgehen
in Flammen

aufstellen
eine Regel

aufwerfen
Fragen

austragen
einen Streit

ausweisen
einen Überschuß
ein Ergebnis

begehen
Morde
Verbrechen

bekommen
Auftrieb
unter Kontrolle

in den Griff
in Einklang
die Erlaubnis

bleiben
in Erinnerung
außer Acht

bringen
auf Touren
auf Trab
aus dem Gleichgewicht
aus der Fassung
außer Atem
unter Kontrolle
in Bewegung
in Anwendung
in Armut
in Aufregung
in Aufruhr
in Stellung
in Gang
in Ordnung
in Einklang
ins Spiel
in Schwung
in Erfahrung
in Umlauf
in Konnex
in Übereinstimmung
in seine Gewalt
in Verbindung
in Sicherheit
ins Lot
in Berührung
in Betrieb
in Ekstase

in Erregung
in Erstaunen
in Fahrt
in Fluß
in Form
in Gefahr
in Gegensatz
in Kontakt
in Mode
in Mißkredit
in Schulden
in Schwingungen
in Trab
in Stimmung
in Ungnade
in Verkehr
in Verlegenheit
in Versuchung
in Verwirrung
in Verwunderung
in Verzug
in Zusammenhang
in Zweifel
ins Elend
ins Gerede
ins Gespräch
ins Rollen
auf den Punkt
die Wende
um den Job
zu Ende
zu Bewußtsein
zu Fall
zu Gehör
zu Kräften
zu Papier
zum Abschluß
zum Durchbruch

zum Einsatz

zum Halten

zum Stillstand

zum Singen

zum Erlöschen

zum Einsturz

zum Kochen

zum Verkauf

zum Vorschein

zum Wahnsinn

zum Sieden

zum Ausdruck

zur Vollendung

zur Geltung

zur Anschaulichkeit

zur Deckung

zur Strecke

zur Sprache

zur Abstimmung

zur Anschauung

zur Anwendung

zur Anzeige

zur Aufführung

zur Ausführung

zur Begeisterung

zur Besinnung

zur Darstellung

zur Durchführung

zur Einsicht

zur Entscheidung

zur Explosion

zur Kenntnis

zur Raserei

zur Reife

zur Ruhe

zur Erkenntnis

zur Sprache

zur Übergabe

zur Wirkung
zur Überzeugung
zur Vernunft
zur Versteigerung
zur Verteilung
zur Verwendung
zur Verhandlung
zur Verzweiflung
zur Abschaltung
zum Erliegen
zum Verstummen
zum Schwitzen
zum Schweigen

eingehen
ein Risiko

erbringen
den Beweis

ergreifen
das Wort
die Gelegenheit
Maßnahmen

erhalten
eine Mehrheit
Zinsleistungen
Haft
eine Rechnung

erheben
Kanzelprotest
Einspruch

erzielen

eine Einigung

fallen
ins Wort
zur Last
zum Opfer

fällen
Urteile

fassen
ins Auge

finden
ein Ende
eine Lösung

führen
zum Tode
zu einem Minus
zur Senkung
zu Tragödien
zu Bestellmengen

geben
in Auftrag
in Arbeit
in Produktion
in Verwahrung
in Fabrikation
in Druck
in Pacht
zu Protokoll
zur Antwort
zur Bearbeitung
zu Bedenken

die Möglichkeit
eine Chance
Unterstützung

gehen
in Erfüllung
in Stellung
in Deckung
in Betrieb
in Serie
in Arbeit
in Auftrag
in Druck
in Führung
in Herstellung
in Produktion
in den Ruhestand
in Frontstellung
in Konkurs
in Revision
um die Sache
zu Bruch
zu Ende
zu Lasten
zu Rate
zu Werke
zur Neige
durch die Instanzen
um die Schuld
auf Distanz

gelangen
zur Erkenntnis
zu Ansehen
zur Entscheidung
zur Überzeugung
zur Anschauung

zur Ansicht
zur Durchführung
zur Aufführung
zur Einsicht
zur Macht

geraten
aus dem Gleichgewicht
in Seenot
in Zeitnot
in Mode
in Not
in Existenznot
in Existenznöte
in Bedrängnis
in Konflikt
in Schwung
in Wut
in die Kritik
in Stimmung
in Unordnung
in Verdacht
in Schulden
in Angst
in Unruhe
in Armut
in Aufregung
in Schwingungen
in Mitleidenschaft
in Schwierigkeiten
in Zweifel
in Verruf
in Brand
ins Elend
ins Gerede
ins Rollen
ins Trudeln

in Vergessenheit
in Abhängigkeit
in eine Schieflage
ins Zweifeln
ins Schleudern
ins Stocken
ins Schlingern
ins Philosophieren
unter Druck
unter Beschuß
unter Einfluß
unter Zugzwang
unter Ertragsdruck

gewähren
Strafrabatt

gewinnen
Spielraum
an Schnelligkeit
Akzeptanzstellen

halten
in Grenzen
in Atem
in der Balance
ein Versprechen
auf Tour
auf Touren
am Laufen
unter Kontrolle
in Ehren

hegen
Verdacht

hinlegen
einen Auftritt

kommen
ans Licht
aus der Mode
auf die Spur
in Konflikt
ins Geschäft
zu Wort
in Frage
in Betracht
in Gang
in die Gänge
in die Kassen
in Fahrt
in Kontakt
ins Gespräch
ins Geschäft
ins Rollen
zu Ergebnissen
zu dem Schluß
zu dem Entschluß
zu seinem Ende
zum Einsatz
zum Erliegen
zum Tragen
zum Vorschein
zum Austausch
zum Streit
zum Ausdruck
zum Stillstand
zur Anklage
zur Sprache
zur Aufführung
zur Besinnung
zum Zuge

zu einem Ergebnis
auf den Gedanken
ums Leben
aus der Übung

laufen
Gefahr

legen
zur Last

leisten
Tilgungen

pflegen
die Marke

liegen
auf Eis
in Führung
im Interesse
im Clinch
im Sterben
im Trend
im Streit

machen
Erfahrungen
ein Betreuungsangebot
Gebrauch
Gedanken
zu einem Thema

melden
zu Wort

nähren

Zweifel

nehmen

Einfluß

Anstoß

einen Anlauf

beim Wort

in Empfang

in Anspruch

in Besitz

in Betrieb

in Beschlag

in Kauf

in Schutz

in Angriff

in Gewahrsam

in Polizeigewahrsam

in Untersuchungshaft

ins Visier

in die Pflicht

unter die Lupe

unter Feuer

zum Maßstab

zur Kenntnis

zur Leitfigur

zum Vorbild

zum Anlaß

rufen

in Erinnerung

ins Leben

schenken

Glauben

schlagen

in die Flucht

zu Buche

setzen

aufs Spiel

außer Gefecht

außer Betrieb

außer Kraft

Maßstäbe

Hoffnungen

auf Gespräche

auf den Netzboom

auf die Mechanismen

in Szene

in Bewegung

in Brand

in Gang

in Marsch

in Kraft

in Verbindung

zur Wehr

zum Ziel

zur Ruhe

unter Druck

stecken

in Brand

stehen

am Anfang

auf der Kippe

auf dem Prüfstand

außer Frage

außer Zweifel

in Frage

in Kontakt

in Konflikt

in Einklang

in Verbindung

in Wettbewerb

in dem Ruf

im Wege

im Kontrast

im Gegensatz

in Verruf

in Wechselwirkung

in Zusammenhang

im Mittelpunkt

im Vordergrund

auf dem Spiel

unter Verdacht

unter Anklage

unter Arrest

unter Zugzwang

unter Druck

unter Streß

unter Zeitdruck

unter Nachfragedruck

unter dem Eindruck

unter der Leitung

unter der Herrschaft

zu Buche

zur Diskussion

zur Seite

zur Verfügung

zur Wahl

zu Gesicht

zu den Werten

ins Haus

stellen

in Aussicht
in Abrede
auf die Beine
auf den Prüfstand
vor Gericht
in Frage
in Rechnung
zur Rede
zur Abstimmung
unter Beweis
unter Anklage
unter Strafe
unter seinen Schutz
unter Gläubigerschutz
unter Naturschutz
zur Verfügung
zur Diskussion
zur Wahl

tragen

zu Grabe
zur Schau

treiben

ins Elend
in die Armut
in die Pleite
in die Flucht

treffen

Entscheidungen

treten

in Kraft
in den Hungerstreik
in Dialog

in Konkurrenz
in Erscheinung

üben
Kritik

unterhalten
Kontakt
Beziehungen

unternehmen
Schritte
einen Versuch

verfallen
in Hektik

verfolgen
Konzepte
Interessen

versetzen
in Aufruhr
in Schrecken
in Bewegung
in die Lage
in Wut
in Erstaunen

verüben
ein Attentat

vollbringen
Wundertaten

vorgehen

gegen den Staat

vornehmen

Schätzungen

werfen

einen Schatten

zeigen

Interesse

ziehen

in Mitleidenschaft
zur Rechenschaft
in Betracht
in Erwägung
vom Leder

B Liste der Funktionsverbgefüge und ihrer Paraphrasen

Quellen:

1.) TiGer-Korpus (alle)
2.) DWDS-Korpus (die häufigsten)
3.) Literatur
4.) Internet
5.) eigene Sammlung

ablegen

Zeugnis ablegen	bezeugen	SynoBV
Rechenschaft ablegen	sich rechtfertigen	SynoVV
ein Geständnis ablegen	gestehen	SynoBV
eine Prüfung ablegen	eine Prüfung machen	SynoFVG
eine Prüfung ablegen	eine Prüfung bestehen	SynoFVG
ein Gelübde ablegen	geloben	SynoBV
ein Gelöbnis ablegen	geloben	SynoBV
einen Eid ablegen	beeiden	SynoBV
einen Schwur ablegen	schwören	SynoBV

abschließen

einen Vertrag abschließen	vertraglich vereinbaren	SynoBADV
ein Abkommen abschließen	—	—
eine Vereinbarung abschließen	vereinbaren	SynoBV
eine Wette abschließen	wetten	SynoBV

abstatten

einen Besuch abstatten	besuchen	SynoBV
Dank abstatten	danken	SynoBV
einen Bericht abstatten	berichten	SynoBV

anschneiden

eine Frage anschneiden	eine Frage ansprechen	SynoFVG
ein Thema anschneiden	ein Thema ansprechen	SynoFVG
ein Thema anschneiden	ein Thema zur Sprache bringen	SynoFVG
ein Problem anschneiden	ein Problem ansprechen	SynoFVG
ein Problem anschneiden	ein Problem zur Sprache bringen	SynoFVG
eine Sache anschneiden	eine Sache ansprechen	SynoFVG
eine Sache anschneiden	eine Sache zur Sprache bringen	SynoFVG

anstellen

eine Untersuchung anstellen	untersuchen	SynoBV
einen Versuch anstellen	experimentieren	SynoVV
Überlegungen anstellen	überlegen	SynoBV
Nachforschungen anstellen	nachforschen	SynoBV
eine Betrachtung anstellen	betrachten	SynoBV
einen Vergleich anstellen	vergleichen	SynoBV
Erwägungen anstellen	erwägen	SynoBV
Beobachtungen anstellen	beobachten	SynoBV
eine Erhebung anstellen	erheben	SynoBV
eineVermutung anstellen	vermuten	SynoBV
Ermittlungen anstellen	ermitteln	SynoBV
eine Berechnung anstellen	berechnen	SynoBV

eine Recherche anstellen	recherchieren	SynoBV
ein Experiment anstellen	experimentieren	SynoBV
Spekulationen anstellen	spekulieren	SynoBV
Wiederbelebungsversuche anstellen	wieder zu beleben versuchen	SynoBV
ein Verhör anstellen	verhören	SynoBV
eine Rechnung anstellen	rechnen, berechnen, ausrechnen	SynoBV
Erkundigungen anstellen	sich erkundigen	SynoBV
Erörterungen anstellen	erörtern	SynoBV
eine Probe anstellen	probieren, ausprobieren	SynoBV
eine Analyse anstellen	analysieren	SynoBV
Forschungen anstellen	forschen	SynoBV
aufgeben		
ein Rätsel aufgeben	—	—
eine Bestellung aufgeben	bestellen	SynoBV
eine Anzeige aufgeben	eine Anzeige schalten	SynoFVG
ein Telegramm aufgeben	telegrafieren	SynoBV
Post aufgeben	Post versenden	SynoVV
einen Brief aufgeben	einen Brief abschicken	SynoVV
aufnehmen		
Verhandlungen aufnehmen	verhandeln	SynoBV
eine Beziehung aufnehmen	in Beziehung treten	SynoFVG
eine Arbeit aufnehmen	arbeiten	SynoBV
Kontakt aufnehmen	kontaktieren	SynoBV
den Kampf aufnehmen	kämpfen	SynoBV
eineTätigkeit aufnehmen	tätig werden	SynoBA
eine Berufstätigkeit aufnehmen	berufstätig werden	SynoBA
Verbindung aufnehmen	kontaktieren	SynoVV
das Gespräch aufnehmen	sprechen	SynoBV
den Betrieb aufnehmen	betreiben	SynoBV
Fühlung aufnehmen	kontaktieren	SynoVV
die Produktion aufnehmen	produzieren	SynoBV
die Verfolgung aufnehmen	verfolgen	SynoBV
einStudium aufnehmen	studieren	SynoBV
einen Dialog aufnehmen	einen Dialog beginnen	SynoVV
den Verkehr aufnehmen	verkehren	SynoBV
den Lehrbetrieb aufnehmen	lehren	SynoBV
aufstellen		
eine Regel aufstellen	—	—
eine Behauptung aufstellen	behaupten	SynoBV

einen Kandidaten aufstellen	—	—
einen Grundsatz aufstellen	—	—
eine Forderung aufstellen	fordern	SynoBV
eine Liste aufstellen	auflisten	SynoBV
eine Hypothese aufstellen	—	—
eine Theorie aufstellen	—	—
eine Bilanz aufstellen	bilanzieren	SynoBV
einen Plan aufstellen	planen	SynoBV
eine Statistik aufstellen	—	—
aufweisen		
eine Ähnlichkeit aufweisen	ähneln, ähnlich sein	SynoBV, BA
einen Mangel aufweisen	mangelhaft sein	SynoBA
ein Merkmal aufweisen	ein Merkmal haben	SynoFVG
eine Lücke aufweisen	lückenhaft sein	SynoBA
einen Unterschied aufweisen	sich unterscheiden	SynoBV
einen Unterschied aufweisen	unterschiedlich sein	SynoBA
eine Zunahme aufweisen	zunehmen	SynoBV
eine Tendenz aufweisen	eine Tendenz haben	SynoFVG
einen Zusammenhang aufweisen	zusammenhängen	SynoBV
einen Fortschritt aufweisen	fortschreiten	SynoBV
eine Besonderheit aufweisen	—	—
einen Fehler aufweisen	einen Fehler haben, fehlerhaft sein	SynoFVG, BA
eine Schwankung aufweisen	schwanken	SynoBV
eine Änderung aufweisen	verändert sein	SynoBA
ausbrechen		
in Tränen ausbrechen	weinen	SynoVV
in Gelächter ausbrechen	loslachen	SynoBV
in Schweiß ausbrechen	schwitzen	SynoBV
in Lachen ausbrechen	loslachen	SynoBV
in Jubel ausbrechen	jubeln	SynoBV
in Rufe ausbrechen	ausrufen	SynoBV
in Wehklagen ausbrechen	wehklagen	SynoBV
in Schluchzen ausbrechen	aufschluchzen	SynoBV
in Ausrufe ausbrechen	ausrufen	SynoBV
in Entzücken ausbrechen	sich entzücken	SynoBV
in Empörung ausbrechen	sich empören	SynoBV
in Schreie ausbrechen	losschreien	SynoBV
ausführen		
einen Befehl ausführen	befehlsgemäß handeln	SynoBADV

einen Auftrag ausführen	auftragsgemäß handeln	SynoBADV
eine Bewegung ausführen	sich bewegen	SynoBV
eine Arbeit ausführen	arbeiten	SynoBV
einen Plan ausführen	planmäßig handeln	SynoBADV
eine Operation ausführen	operieren	SynoBV
eine Handlung ausführen	handeln	SynoBV
eine Drehung ausführen	sich drehen	SynoBV
einen Diebstahl ausführen	stehlen	SynoBV
eine Reparatur ausführen	reparieren	SynoBV
eine Absicht ausführen	absichtlich handeln	SynoBADV
einen Sprung ausführen	springen	SynoBV
eine Anweisung ausführen	weisungsgemäß handeln	SynoBADV
einen Streich ausführen	einen Streich begehen	SynoFVG
eine Tat ausführen	eine Tat begehen, tun	SynoFVG, BV
einen Bau ausführen	bauen	SynoBV
einen Algorithmus ausführen	—	—
ein Vorhaben ausführen	plangerecht handeln	SynoBADV
einen Mord ausführen	ermorden	SynoBV
einen Versuch ausführen	einen Versuch durchführen	SynoFVG
eine Drehbewegung ausführen	sich drehend bewegen	SynoBV
ein Verbrechen ausführen	verbrechen	SynoBV
einen Vorsatz ausführen	vorsätzlich handeln	SynoBADV
eine Messung ausführen	messen	SynoBV
einen Einbruch ausführen	einbrechen	SynoBV

ausstellen

ein Zeugnis ausstellen	—	—
einen Paß ausstellen	—	—
eine Bescheinigung ausstellen	bescheinigen	SynoBV
ein Visum ausstellen	—	—
ein Attest ausstellen	attestieren	SynoBV
einen Schuldschein ausstellen	—	—
eine Quittung ausstellen	quittieren	SynoBV
einen Scheck ausstellen	—	—
einen Freibrief ausstellen	—	—
einen Führerschein ausstellen	—	—
einen Ausweis ausstellen	—	—
eine Urkunde ausstellen	beurkunden	SynoBV
eine Vollmacht ausstellen	bevollmächtigen	SynoBV

austragen

einen Konflikt austragen	—	—

einen Kampf austragen	kämpfen	SynoBV
einen Streit austragen	streiten	SynoBV
einen Gegensatz austragen	—	—
eine Meinungsverschiedenheit austragen	—	—
eine Weltmeisterschaft austragen	—	—
ein Rennen austragen	ein Rennen veranstalten	SynoFVG
eine Sache austragen	—	—
ein Spiel austragen	spielen	SynoBV
ein Spiel austragen	ein Spiel veranstalten	SynoFVG
ausüben		
Einfluß ausüben	beeinflussen	SynoBV
Druck ausüben	Druck anwenden, unterdrücken	SynoFVG,BV
eine Wirkung ausüben	wirken	SynoBV
eine Funktion ausüben	fungieren	SynoBV
einen Beruf ausüben	berufstätig sein	SynoBA
eine Tätigkeit ausüben	tätig sein	SynoBA
Macht ausüben	dominieren	SynoVV
Kontrolle ausüben	kontrollieren	SynoBV
Gewalt ausüben	Gewalt anwenden	SynoFVG
ein Recht ausüben	berechtigt sein	SynoBA
ein Amt ausüben	amtieren	SynoBV
Zwang ausüben	zwingen	SynoBV
eine Anziehungskraft ausüben	anziehen	SynoBV
die Herrschaft ausüben	herrschen	SynoBV
eine Befugnis ausüben	befugt sein	SynoBA
einen Reiz ausüben	reizen, verlocken	SynoBV
eine Kunst ausüben	Künstler sein	SynoBS
ein Gewerbe ausüben	Gewerbetreibender sein	SynoBS
Kraft ausüben	Kraft anwenden	SynoFVG
ein Handwerk ausüben	Handwerker sein	SynoBS
ein Wahlrecht ausüben	wählen	SynoBV
die Gerichtsbarkeit ausüben	richten	SynoBV
Autorität ausüben	autoritär sein, autorisiert sein	SynoBA
ein Mandat ausüben	Mandatsträger sein	SynoBS
eine Vollmacht ausüben	bevollmächtigt sein	SynoBA
die Aufsicht ausüben	beaufsichtigen	SynoBV
eine Beschäftigung ausüben	beschäftigt sein	SynoBA
einen Zauber ausüben	verzaubern, bezaubern	SynoBV

Terror ausüben	terrorisieren	SynoBV
einen Sport ausüben	sportlich sein	SynoBA
ausweisen		
einen Gewinn ausweisen	—	—
eine Rücklage ausweisen	—	—
ein Defizit ausweisen	defizitär sein	SynoBA
einen Ort ausweisen	—	—
einen Zweck ausweisen	—	—
einen Betrag ausweisen	—	—
einen Verlust ausweisen	—	—
einen Überschuß ausweisen	—	—
bedeuten		
eine Gefahr bedeuten	gefährlich sein	SynoBA
den Tod bedeuten	tödlich sein	SynoBA
einen Verzicht bedeuten	ein Verzicht sein	SynoBS
einen Fortschritt bedeuten	fortschrittlich sein	SynoBA
einen Verlust bedeuten	verlustträchtig sein	SynoBA
eine Belastung bedeuten	belastend sein	SynoBA
eine Steigerung bedeuten	eine Steigerung sein	SynoBA
ein Problem bedeuten	problematisch sein	SynoBA
begehen		
ein Verbrechen begehen	verbrechen	SynoBV
einen Fehler begehen	fehlerhaft handeln	SynoBADV
Selbstmord begehen	sich umbringen	SynoVV
eine Tat begehen	tun	SynoBV
eine Handlung begehen	handeln	SynoBV
einen Mord begehen	morden	SynoBV
eine Straftat begehen	straffällig werden	SynoBA
einen Geburtstag begehen	einen Geburtstag feiern	SynoFVG
eine Sünde begehen	sündigen	SynoBV
einen Irrtum begehen	irren, sich irren	SynoBV
ein Unrecht begehen	unrecht handeln	SynoBADV
eine Dummheit begehen	dumm handeln	SynoBADV
einen Diebstahl begehen	stehlen	SynoBV
einen Verrat begehen	verraten	SynoBV
eine Indiskretion begehen	indiskret handeln	SynoBADV
einen Verstoß begehen	verstoßen	SynoBV
eine Gemeinheit begehen	gemein handeln	SynoBADV
eine Ordnungswidrigkeit bege-hen	ordnungswidrig handeln	SynoBADV

einen Jahrestag begehen	einen Jahrestag feiern	SynoFVG
eine Erpressung begehen	erpressen	SynoBV
eine Ungeschicklichkeit begehen	ungeschickt handeln	SynoBADV
ein Dienstjubiläum begehen	ein Dienstjubiläum feiern	SynoFVG
eine Fälschung begehen	fälschen	SynoBV
einen Feiertag begehen	einen Feiertag feiern	SynoFVG
Fahnenflucht begehen	fahnenflüchtig sein	SynoBA
das Bestehen begehen	das Bestehen feiern	SynoFVG
einen Frevel begehen	freveln	SynoBV
Totschlag begehen	totschlagen, töten	SynoBV
einen Raub begehen	rauben	SynoBV
Körperverletzung begehen	verletzen	SynoBV
eine Hochzeit begehen	eine Hochzeit feiern	SynoFVG
eine Greueltat begehen	eine Greueltat verüben	SynoFVG
ein Delikt begehen	Delinquent sein	SynoBS
eine Unterschlagung begehen	unterschlagen	SynoBV
einen Betrug begehen	betrügen	SynoBV
Hausfriedensbruch begehen	—	—
eine Verschwörung begehen	sich verschwören	SynoBV
eine Verfehlung begehen	fehlen	SynoBV
Plagiat begehen	Plagiator sein	SynoBS
einen Einbruch begehen	einbrechen	SynoBV
einen Fehltritt begehen	—	—
eine Taktlosigkeit begehen	taktlos handeln	SynoBADV
einen Mißgriff begehen	—	—
einen Vertrauensbruch begehen	das Vertrauen mißbrauchen	SynoFVG
Majestätsbeleidigung begehen	die Majestät beleidigen	SynoBV
Brandstiftung begehen	einen Brand legen	SynoFVG
eine Ungeheuerlichkeit begehen	ungeheuerlich handeln	SynoBADV
das Inkrafttreten begehen	das Inkrafttreten feiern	SynoFVG
das Weihnachtsfest begehen	Weihnachten feiern	SynoFVG

behalten

im Auge behalten	beobachten	SynoVV
Recht behalten	Recht haben, im Recht sein	SynoFVG
im Kopf behalten	sich merken	SynoVV
die Oberhand behalten	überlegen sein	SynoBA
im Gedächtnis behalten	sich merken	SynoVV

bekleiden

ein Amt bekleiden	amtieren	SynoBV

einen Posten bekleiden	einen Posten innehaben	Syno FVG
eine Stellung bekleiden	eine Stellung innehaben	Syno FVG
einen Rang bekleiden	einen Rang haben	Syno FVG
eine Funktion bekleiden	eine Funktion haben	Syno FVG

bekommen

zu Gesicht bekommen	sehen	SynoBV
in die Hand bekommen	ausgehändigt werden	SynoBVP
in die Hände bekommen	ausgehändigt werden	SynoBVP
ein Kind bekommen	Mutter werden, Vater werden	SynoBS
in den Griff bekommen	beherrschen	SynoBA, VV
Angst bekommen	in Angst geraten	SynoFVG
einen Auftrag bekommen	beauftragt werden	SynoBVP
einen Schreck bekommen	in Schrecken geraten	SynoFVG
ins Auge bekommen	—	—
Urlaub bekommen	beurlaubt werden	SynoBVP
Nachricht bekommen	benachrichtigt werden	SynoBVP
einen Befehl bekommen	befohlen werden	SynoBVP
Prügel bekommen	geprügelt werden	SynoBVP
einen Schlag bekommen	geschlagen werden	SynoBVP
einen Schlaganfall bekommen	einen Schlaganfall erleiden	SynoVV
Antwort bekommen	beantwortet werden	SynoBVP
eine Erlaubnis bekommen	erlaubt werden	SynoBVP
einen Eindruck bekommen	einen Eindruck gewinnen	Syno FVG
Luft bekommen	—	—
Lust bekommen	—	—
Wind bekommen	erfahren	SynoVV
einen Namen bekommen	benannt werden	SynoBVP
einen Platz bekommen	plaziert werden	SynoBVP
Platz bekommen	Platz finden	SynoFVG
Besuch bekommen	besucht werden	SynoBVP
Farbe bekommen	gefärbt werden	SynoBVP
eine Gelegenheit bekommen	eine Gelegenheit finden	Syno FVG
Herzklopfen bekommen	—	—
einen Blick bekommen	angeblickt werden	SynoBVP
einen Kuß bekommen	geküßt werden	SynoBVP
einen Riß bekommen	reißen	SynoBV
Stimmen bekommen	Stimmen erhalten	SynoFVG
einen Sinn bekommen	sinnvoll werden	SynoBA
ein Aussehen bekommen	aussehen	SynoBV
Hunger bekommen	hungrig werden	SynoBA

eine Ohrfeige bekommen	geohrfeigt werden	SynoBVP
einen Einblick bekommen	einen Einblick erhalten	SynoFVG
Schwierigkeiten bekommen	erschwert werden	SynoBVP
einen Fleck bekommen	fleckig werden	SynoBA
einen Wutanfall bekommen	wütend werden	SynoBA
Futter bekommen	gefüttert werden	SynoBVP
ein Versprechen bekommen	versprochen werden	SynoBVP
eine Garantie bekommen	garantiert werden	SynoBVP
einen Rat bekommen	beraten werden	SynoBVP
Unterricht bekommen	unterrichtet werden	SynoBVP
Auftrieb bekommen	Auftrieb erhalten	SynoFVG
unter Kontrolle bekommen	kontrollieren	SynoBV
in Einklang bekommen	—	—

bestreiten

seinen Lebensunterhalt bestreiten	seinen Lebensunterhalt verdienen	SynoVV
sein Dasein bestreiten	sein Dasein finanzieren	SynoVV
die Unterhaltung bestreiten	für die Unterhaltung sorgen	SynoVV
einen Wahlkampf bestreiten	einen Wahlkampf durchführen	SynoFVG
seine Ausgaben bestreiten	seine Ausgaben finanzieren	SynoVV
ein Rennen bestreiten	rennen	SynoBV
einen Kampf bestreiten	kämpfen	SynoBV

betreiben

Sabotage betreiben	sabotieren	SynoBV
ein Studium betreiben	studieren	SynoBV
Außenpolitik betreiben	—	—
Forschung betreiben	forschen	SynoBV
Propaganda betreiben	propagieren	SynoBV
Wissenschaft betreiben	—	—
eine Sportart betreiben	—	—

bleiben

in Kraft bleiben	gelten	SynoVV
in Erinnerung bleiben	—	—
im Gedächtnis bleiben	—	—
ohne Erfolg bleiben	erfolglos sein	SynoBA
ohne Antwort bleiben	keine Antwort bekommen	SynoFVG
im Amt bleiben	amtieren	SynoBV
ohne Wirkung bleiben	wirkungslos sein	SynoBA
in Abhängigkeit bleiben	abhängen, abhängig sein	SynoBV, BA
in Anwendung bleiben	angewendet werden	SynoBVP

in Bewegung bleiben	sich bewegen, bewegt werden	SynoBV, BVP
in Gefahr bleiben	gefährdet sein	SynoBA
in Verbindung bleiben	verbunden sein	SynoBA
in Betrieb bleiben	betrieben werden	SynoBVP
außer Ansatz bleiben	unberücksichtigt sein	SynoFVG

bringen

zum Ausdruck bringen	ausdrücken	SynoBV
zur Geltung bringen	—	—
in Einklang bringen	—	—
in Ordnung bringen	ordnen	SynoBV
in Verbindung bringen	verbinden	SynoBV
zur Kenntnis bringen	—	—
in Gang bringen	in Gang setzen	SynoFVG
an den Tag bringen	aufdecken	SynoVV
zum Abschluß bringen	abschließen	SynoBV
zum Schweigen bringen	—	—
zur Anwendung bringen	anwenden	SynoBV
zur Welt bringen	gebähren	SynoVV
zur Sprache bringen	ansprechen	SynoBV
in Erfahrung bringen	erfahren	SynoBV
zu Papier bringen	schreiben, zeichnen	SynoVV
in Gefahr bringen	gefährden	SynoBV
auf den Markt bringen	vermarkten	SynoVV
auf einen Nenner bringen	—	—
in Verlegenheit bringen	verlegen machen	SynoBA
zum Absturz bringen	—	—
zu Ende bringen	beenden	SynoBV
zu Bett bringen	—	—
in eine Form bringen	formen	SynoBV
zu Fall bringen	stürzen	SynoVV
an den Mann bringen	verkaufen	SynoVV
in Übereinstimmung bringen	—	—
in Erinnerung bringen	erinnern	SynoBV
auf einen Gedanken bringen	—	—
aus dem Gleichgewicht bringen	—	—
zur Verzweiflung bringen	verzweifelt machen	SynoBA
um den Gewinn bringen	—	—
aus der Fassung bringen	fassungslos machen	SynoBA
zum Versand bringen	versenden	SynoBV
zur Verlesung bringen	verlesen	SynoBV

in Bewegung bringen	bewegen	SynoBV
zum Stillstand bringen	—	—
ins Spiel bringen	—	—
zu Gehör bringen	vorsingen, vorspielen	SynoVV
unter Kontrolle bringen	kontrollieren	SynoBV
zur Explosion bringen	—	—
in Stellung bringen	aufstellen	SynoBV
auf die Bühne bringen	aufführen	SynoVV
über die Bühne bringen	erledigen	SynoVV
zur Ausführung bringen	ausführen	SynoBV
auf die Beine bringen	—	—
zur Deckung bringen	deckungsgleich machen	SynoBA
in Umlauf bringen	—	—
zum Erliegen bringen	—	—
in Schwung bringen	antreiben	SynoVV
in seine Gewalt bringen	überwältigen	SynoVV
auf Touren bringen	in Schwung bringen, antreiben	SynoFVG, VV
ins Lot bringen	—	—
auf den Punkt bringen	—	—
die Wende bringen	wenden	SynoBV
durchführen		
eine Maßnahme durchführen	—	—
eine Untersuchung durchführen	untersuchen	SynoBV
eine Reform durchführen	reformieren	SynoBV
einen Versuch durchführen	einen Versuch ausführen	SynoFVG
eine Aktion durchführen	eine Aktion veranstalten	SynoFVG
eine Wahl durchführen	eine Wahl veranstalten	SynoFVG
eine Aufgabe durchführen	eine Aufgabe erledigen	SynoFVG
ein Programm durchführen	—	—
eine Operation durchführen	operieren	SynoBV
eine Kontrolle durchführen	kontrollieren	SynoBV
einen Angriff durchführen	angreifen	SynoBV
die Organisation durchführen	organisieren	SynoBV
eine Messung durchführen	messen	SynoBV
einen Test durchführen	testen	SynoBV
ein Gesetz durchführen	—	—
eine Analyse durchführen	analysieren	SynoBV
eine Razzia durchführen	eine Razzia veranstalten	SynoFVG
eine Veranstaltung durchführen	veranstalten	SynoBV
eine Reparatur durchführen	reparieren	SynoBV

eine Trennung durchführen	trennen	SynoBV
einbringen		
einen Antrag einbringen	beantragen	BV
einen Gesetzesentwurf einbringen	—	—
einen Vorschlag einbringen	vorschlagen	SynoBV
eine Resolution einbringen	—	—
ein Mißtrauensvotum einbringen	das Mißtrauen aussprechen	SynoVV
die Ernte einbringen	ernten	SynoBV
eine Anfrage einbringen	anfragen	SynoBV
Beute einbringen	erbeuten	SynoBV
eine Entschließung einbringen	—	—
eingehen		
eine Verpflichtung eingehen	sich verpflichten	SynoBV
ein Risiko eingehen	riskieren	SynoBV
eine Ehe eingehen	ehelichen	SynoBV
ein Bündnis eingehen	sich verbünden	SynoBV
eine Bindung eingehen	sich binden	SynoBV
eine Beziehung eingehen	—	—
eine Koalition eingehen	koalieren	SynoBV
eine Wette eingehen	wetten	SynoBV
einen Vertrag eingehen	einen Vertrag schließen	SynoFVG
ein Verhältnis eingehen	—	—
eine Verbindlichkeit eingehen	—	—
einen Kompromiß eingehen	einen Kompromiß schließen	SynoFVG
ein Abkommen eingehen	ein Abkommen schließen	SynoFVG
eine Allianz eingehen	sich verbünden	SynoVV
ein Wagnis eingehen	wagen	SynoBV
eine Synthese eingehen	—	—
eine Gemeinschaft eingehen	—	—
ein Geschäft eingehen	ein Geschäft abschließen	SynoFVG
ein Arbeitsverhältnis eingehen	—	—
einen Handel eingehen	handeln	SynoBV
eine Kombination eingehen	kombinieren	SynoBV
eine Vereinbarung eingehen	eine Vereinbarung treffen	SynoFVG
einlegen		
Berufung enlegen	n die Berufung gehen	SynoFVG
Veto einlegen	—	—
Protest einlegen	protestieren	SynoBV
Einspruch einlegen	Einspruch erheben	SynoFVG

Revision einlegen	—	—
eine Pause einlegen	pausieren	SynoBV
Beschwerde einlegen	sich beschweren	SynoBV
Rechtsmittel einlegen	—	—
ein gutes Wort einlegen	sich einsetzen	SynoVV
Ehre einlegen	—	—
Widerspruch einlegen	widersprechen	SynoBV
eine Feierschicht einlegen	—	—
Fürsprache einlegen	fürsprechen	SynoBV
eine Rast einlegen	rasten	SynoBV
erbringen		
einen Beweis erbringen	beweisen	SynoBV
einen Nachweis erbringen	nachweisen	SynoBV
eine Leistung erbringen	leisten	SynoBV
eine Vorleistung erbringen	vorab leisten	SynoBV
einen Gegenbeweis erbringen	das Gegenteil beweisen	SynoBV
einen Wahrheitsbeweis erbringen	die Wahrheit beweisen	SynoBV
einen Beitrag erbringen	beitragen	SynoBV
Einnahmen erbringen	Einnahmen bringen	SynoFVG
ein Resultat erbringen	resultieren	SynoBV
einen Beleg erbringen	belegen	SynoBV
Ertrag erbringen	ertragreich sein	SynoFVG
Gewinn erbringen	Gewinn bringen	SynoFVG
einen Fortschritt erbringen	einen Fortschritt bringen	SynoFVG
eine Dienstleistung erbringen	einen Dienst leisten	SynoBV
erfahren		
eine Änderung erfahren	geändert werden	SynoBVP
eine Steigerung erfahren	gesteigert werden	SynoBVP
eine Behandlung erfahren	behandelt werden	SynoBVP
eine Förderung erfahren	gefördert werden	SynoBVP
eine Bereicherung erfahren	bereichert werden	SynoBVP
eine Erweiterung erfahren	erweitert werden	SynoBVP
eine Einschränkung erfahren	eingeschränkt werden	SynoBVP
eine Entwicklung erfahren	entwickelt werden	SynoBVP
eine Stärkung erfahren	gestärkt werden	SynoBVP
eine Verbesserung erfahren	verbessert werden	SynoBVP
eine Verschärfung erfahren	verschärft werden	SynoBVP
ein Schicksal erfahren	ein Schicksal erleiden	SynoFVG
eine Belebung erfahren	belebt werden	SynoBVP

einen Zuwachs erfahren	anwachsen	SynoBV
Leid erfahren	erleiden	SynoBV
Liebe erfahren	geliebt werden	SynoBVP
Gelegenheit erfahren	Gelegenheit bekommen	SynoFVG
Widerspruch erfahren	widersprochen werden	SynoBVP
eine Würdigung erfahren	gewürdigt werden	SynoBVP
eine Zunahme erfahren	zunehmen	SynoBV
einen Rückgang erfahren	zurückgehen	SynoBV
Kritik erfahren	kritisiert werden	SynoBVP
eine Einbuße erfahren	einbüßen	SynoBV
Zuwendung erfahren	Zuwendung bekommen	SynoFVG
Verluste erfahren	verlieren	SynoBV
einen Sinn erfahren	sinnvoll werden	SynoBA
einen Aufschwung erfahren	einen Aufschwung nehmen	SynoFVG
eine Umgestaltung erfahren	umgestaltet werden	SynoBVP
eine Zuspitzung erfahren	sich zuspitzen	SynoBV
eine Ausbildung erfahren	ausgebildet werden	SynoBVP
eine Deutung erfahren	gedeutet werden	SynoBVP

ergreifen

eine Maßnahme ergreifen	eine Maßnahme durchführen	SynoFVG
die Initiative ergreifen	initiativ werden	SynoBA
das Wort ergreifen	reden	SynoVV
die Flucht ergreifen	flüchten	SynoBV
Besitz ergreifen	besetzen	SynoBV
Partei ergreifen	verteidigen	SynoVV
eine Gelegenheit ergreifen	eine Gelegenheit wahrnehmen	SynoFVG
einen Beruf ergreifen	—	—
die Macht ergreifen	—	—
Maßregeln ergreifen	—	—
Schritte ergreifen	Schritte unternehmen	SynoFVG
die Offensive ergreifen	offensiv werden	SynoBA
Sanktionen ergreifen	sanktionieren	SynoBV
eine Chance ergreifen	eine Chance wahrnehmen	SynoFVG
Mittel ergreifen	—	—
Repressalien ergreifen	—	—
Vorsichtsmaßnahmen ergreifen	—	—
die Herrschaft ergreifen	herrschen	SynoBV

erhalten

eine Antwort erhalten	beantwortet werden	SynoBVP
einen Auftrag erhalten	beauftragt werden	SynoBVP

eine Ausbildung erhalten	ausgebildet werden	SynoBVP
einen Befehl erhalten	befehligt werden	SynoBVP
einen Namen erhalten	benannt werden	SynoBVP
Nachricht erhalten	benachrichtigt werden	SynoBVP
Kenntnis erhalten	erfahren	SynoVV
Unterstützung erhalten	unterstützt werden	SynoBVP
eine Erlaubnis erhalten	erlaubt werden	SynoBVP
ein Recht erhalten	berechtigt werden	SynoBVP
eine Form erhalten	geformt werden	SynoBVP
eine Bedeutung erhalten	bedeutend werden	SynoBA
Hilfe erhalten	geholfen werden	SynoBVP
eine Auszeichnung erhalten	ausgezeichnet werden	SynoBVP
Unterricht erhalten	unterrichtet werden	SynoBVP
eine Weisung erhalten	angewiesen werden	SynoBVP
eine Anweisung erhalten	angewiesen werden	SynoBVP
eine Möglichkeit erhalten	ermöglicht werden	SynoBVP
eine Gelegenheit erhalten	eine Gelegenheit bekommen	SynoFVG
ein Geschenk erhalten	beschenkt werden	SynoBVP
einen Lohn erhalten	entlohnt werden	SynoBVP
einen Titel erhalten	betitelt werden	SynoBVP
einen Wert erhalten	aufgewertet werden	SynoBVP
eine Mitteilung erhalten	mitgeteilt werden	SynoBVP
eine Einladung erhalten	eingeladen werden	SynoBVP
eine Vollmacht erhalten	bevollmächtigt werden	SynoBVP
eine Zusicherung erhalten	zugesichert werden	SynoBVP
einen Platz erhalten	plaziert werden	SynoBVP
eine Entschädigung erhalten	entschädigt werden	SynoBVP
Auftrieb erhalten	Auftrieb bekommen	SynoFVG
einen Bescheid erhalten	beschieden werden	SynoBVP
eine Mehrheit erhalten	eine Mehrheit bekommen	SynoFVG
Nahrung erhalten	genährt werden	SynoBVP
eine Bezeichnung erhalten	bezeichnet werden	SynoBVP
einen Schlag erhalten	geschlagen werden	SynoBVP
eine Leistung erhalten	eine Leistung bekommen	SynoFVG
Zustimmung erhalten	zugestimmt werden	SynoBVP
Zutritt erhalten	Zutritt bekommen	SynoFVG
ein Gepräge erhalten	geprägt werden	SynoBVP
eine Genehmigung erhalten	genehmigt werden	SynoBVP
die Freiheit erhalten	befreit werden	SynoBVP
die Unabhängigkeit erhalten	unabhängig werden	SynoBA

Gewicht erhalten	gewichtig werden	SynoBA
erheben		
Einspruch erheben	—	—
Anspruch erheben	beanspruchen	SynoBV
Anklage erheben	anklagen	SynoBV
einen Vorwurf erheben	vorwerfen	SynoBV
die Stimme erheben	—	—
einen Einwand erheben	einwenden	SynoBV
Protest erheben	protestieren	SynoBV
eine Forderung erheben	fordern	SynoBV
Klage erheben	klagen	SynoBV
Widerspruch erheben	widersprechen	SynoBV
Bedenken erheben	Bedenken äußern	SynoVV
ein Geschrei erheben	losschreien	SynoBV
eine Gebühr erheben	Gebühren verlangen	SynoVV
eine Steuer erheben	besteuern	SynoBV
einen Zuschlag erheben	einen Zuschlag verlangen	SynoVV
eine Abgabe erheben	eine Abgabe verlangen	SynoVV
eine Beschuldigung erheben	beschuldigen	SynoBV
Beschwerde erheben	sich beschweren	SynoBV
zum Gesetz erheben	zum Gesetz erklären	SynoFVG
den Blick erheben	aufblicken	SynoBV
Beweise erheben	beweisen	SynoBV
das Wort erheben	das Wort ergreifen	SynoFVG
zum Dogma erheben	zum Dogma machen	SynoFVG
Zoll erheben	Zoll verlangen	SynoVV
einen Beitrag erheben	einen Beitrag verlangen	SynoVV
zur Norm erheben	zur Norm erklären	SynoFVG
Zweifel erheben	anzweifeln	SynoBV
Kanzelprotest erheben	—	—
erlassen		
eine Verordnung erlassen	verordnen	SynoBV
eine Gesetz erlassen	—	—
einen Aufruf erlassen	aufrufen	SynoBV
eine Vorschrift erlassen	vorschreiben	SynoBV
eine Anordnung erlassen	anordnen	SynoBV
Haftbefehl erlassen	die Verhaftung befehlen	SynoBV
eine Amnestie erlassen	amnestieren	SynoBV
ein Verbot erlassen	verbieten	SynoBV
Richtlinien erlassen	—	—

ein Urteil erlassen	urteilen	SynoBV
eine Regelung erlassen	regeln	SynoBV
eine Maßnahme erlassen	eine Maßnahme anordnen	SynoFVG

ernten

Beifall ernten	Beifall erhalten	SynoFVG
Lob ernten	gelobt werden	SynoBVP
Dank ernten	Dank erhalten	SynoFVG
Gelächter ernten	ausgelacht werden	SynoBVP
Spott ernten	verspottet werden	SynoBVP
Heiterkeit ernten	Heiterkeit hervorrufen	SynoFVG
Bewunderung ernten	bewundert werden	SynoBVP
Blicke ernten	betrachtet werden	SynoBVP
Anerkennung ernten	anerkannt werden	SynoBVP
Lorbeeren ernten	—	—

erstatten

Bericht erstatten	berichten	SynoBV
Anzeige erstatten	anzeigen	SynoBV
Meldung erstatten	melden	SynoBV
Gutachten erstatten	begutachten	SynoBV
Vorschläge erstatten	vorschlagen	SynoBV
Lagebericht erstatten	—	—
Jahresbericht erstatten	—	—
Rechenschaftsbericht erstatten	—	—
Kassenbericht erstatten	—	—
Geschäftsbericht erstatten	—	—
Strafanzeige erstatten	—	—

erteilen

einen Auftrag erteilen	beauftragen	BV
eine Auskunft erteilen	eine Auskunft geben	SynoFVG
einen Befehl erteilen	befehlen	SynoBV
eine Weisung erteilen	anweisen	SynoBV
eine Genehmigung erteilen	genehmigen	SynoBV
eine Erlaubnis erteilen	erlauben	SynoBV
Unterricht erteilen	unterrichten	SynoBV
eine Antwort erteilen	antworten	SynoBV
einen Ratschlag erteilen	beraten	SynoBV
die Zustimmung erteilen	zustimmen	SynoBV
einen Rat erteilen	beraten	SynoBV
eine Abfuhr erteilen	—	—
eine Vollmacht erteilen	bevollmächtigen	SynoBV

eine Anweisung erteilen	anweisen	SynoBV
eine Lektion erteilen	belehren	SynoVV
eine Absage erteilen	absagen	SynoBV
eine Ermächtigung erteilen	ermächtigen	SynoBV
eine Instruktion erteilen	instruieren	SynoBV
eine Auflage erteilen	auferlegen	SynoBV
die Absolution erteilen	die Sünden erlassen	SynoFVG
die Absolution erteilen	die Zustimmung geben	SynoFVG
eine Lizenz erteilen	lizenzieren	SynoBV
Entlastung erteilen	entlasten	SynoBV
eine Lehre erteilen	belehren	SynoBV
eine Bewilligung erteilen	bewilligen	SynoBV
das Wort erteilen	—	—
eine Konzession erteilen	konzessionieren	SynoBV
eine Befreiung erteilen	befreien	SynoBV
eine Befugnis erteilen	erlauben	SynoBV
den Segen erteilen	segnen	SynoBV
seinen Segen erteilen	zustimmen	SynoVV
eine Rüge erteilen	rügen	SynoBV
ein Mandat erteilen	—	—
den Zuschlag erteilen	zuschlagen	SynoBV
ein Privileg erteilen	privilegieren	SynoBV
Prokura erteilen	—	—
eine Bescheinigung erteilen	bescheinigen	SynoBV
einen Verweis erteilen	verweisen	SynoBV
ein Recht erteilen	berechtigen	SynoBV
einen Bescheid erteilen	bescheiden	SynoBV
ein Visum erteilen	—	—
Richtlinien erteilen	Rchtlinien erlassen	SynoFVG
Urlaub erteilen	beurlauben	BV
Dispens erteilen	dispensieren	SynoBV
Vorschriften erteilen	vorschreiben	SynoBV
ein Patent erteilen	patentieren	SynoBV
eine Information erteilen	informieren	SynoBV
eine Zusage erteilen	zusagen	SynoBV
eine Einwilligung erteilen	einwilligen	SynoBV
das Jawort erteilen	bejahen	SynoBV
eine Belehrung erteilen	belehren	SynoBV
einen Erbschein erteilen	—	—
ein Zeugnis erteilen	ein Zeugnis ausstellen	SynoFVG

ein Lob erteilen	loben	SynoBV
einen Namen erteilen	benennen	SynoVV
die Weihe erteilen	weihen	SynoBV
eine Audienz erteilen	—	—
eine Zulassung erteilen	zulassen	SynoBV
eine Zurechtweisung erteilen	zurechtweisen	SynoBV
eine Ausfertigung erteilen	ausfertigen	SynoBV
eine Quittung erteilen	quittieren	SynoBV
eine Anordnung erteilen	anordnen	SynoBV
die letzte Ölung erteilen	—	—
einen Widerruf erteilen	widerrufen	SynoBV
eine Order erteilen	anordnen	SynoBV
eine Order erteilen	ordern	SynoBV
einen Wink erteilen	—	—
eine Warnung erteilen	warnen	SynoBV
eine Bestätigung erteilen	bestätigen	SynoBV

erweisen

einen Dienst erweisen	dienen	SynoBV
eine Ehre erweisen	ehren	SynoBV
einen Gefallen erweisen	einen Gefallen tun	SynoFVG
eine Gefälligkeit erweisen	einen Gefallen tun	SynoFVG
Vertrauen erweisen	vertrauen	SynoBV
Respekt erweisen	respektieren	SynoBV
eine Gunst erweisen	begünstigen	SynoBV
seine Reverenz erweisen	—	—

fällen

ein Urteil fällen	urteilen	SynoBV
eine Entscheidung fällen	entscheiden	SynoBV
einen Schiedsspruch fällen	—	—
einen Freispruch fällen	freisprechen	SynoBV
das Lot fällen	loten	SynoBV
einen Beschluß fällen	beschließen	SynoBV
einen Entscheid fällen	entscheiden	SynoBV
einen Schuldspruch fällen	schuldig sprechen	SynoBV

fallen

zum Opfer fallen	Opfer werden	SynoBS
in die Hände fallen	in die Hände geraten	SynoFVG
ins Wort fallen	unterbrechen	SynoVV
ins Gewicht fallen	wichtig sein	SynoBA
ins Auge fallen	auffallen	SynoVV

zur Last fallen	belasten, lästig sein	SynoBV, BA
um den Hals fallen	—	—
ins Wasser fallen	ausfallen	SynoVV
in Ohnmacht fallen	ohnmächtig werden	SynoBA
vom Himmel fallen	—	—
auf die Knie fallen	hinknien	SynoVV
in den Schoß fallen	—	—
in Ungnade fallen	unbeliebt werden	SynoBA
ins Schloß fallen	sich schließen	SynoBV
ins Bett fallen	todmüde sein	SynoBA
auf einen Tag fallen	an einem Tag stattfinden	SynoVV
auf die Nerven fallen	nerven	SynoBV
in die Zuständigkeit fallen	—	—
in die Kompetenz fallen	—	—
aus dem Rahmen fallen	auffallen	SynoVV
aus der Rolle fallen	sich unangemessen benehmen	SynoVV
unter die Feinde fallen	in Feindeshand geraten	SynoFVG
in eine Kategorie fallen	zu einer Kategorie gehören	SynoFVG
in Schlaf fallen	einschlafen	SynoBV
fassen		
einen Beschluß fassen	beschließen	SynoBV
einen Entschluß fassen	sich entschließen	SynoBV
Fuß fassen	—	—
in Worte fassen	formulieren	SynoVV
einen Gedanken fassen	denken	SynoBV
eine Resolution fassen	beschließen	SynoVV
Wurzeln fassen	heimisch werden	SynoBA
Mut fassen	mutig werden	SynoBA
einen Plan fassen	planen	SynoBV
Vertrauen fassen	vertrauen	SynoBV
einen Vorsatz fassen	sich vornehmen	SynoVV
Zutrauen fassen	zutraulich werden	SynoBA
Tritt fassen	sich stabilisieren	SynoVV
sich in Geduld fassen	geduldig werden	SynoBA
finden		
Anwendung finden	angewendet werden	SynoBVP
eine Lösung finden	gelöst werden	SynoBVP
Verwendung finden	verwendet werden	SynoBVP
Platz finden	Platz bekommen	SynoFVG
Ausdruck finden	ausgedrückt werden	SynoBVP

Beachtung finden	beachtet werden	SynoBVP
Worte finden	ausdrücken	SynoVV
ein Ende finden	beendet werden	SynoBVP
Eingang finden	hineingelangen	SynoVV
Zeit finden	Zeit haben	SynoFVG
Niederschlag finden	sich niederschlagen	SynoBV
Zustimmung finden	zugestimmt werden	SynoBVP
Anerkennung finden	anerkannt werden	SynoBVP
Gefallen finden	gefallen	SynoBV
Gelegenheit finden	Gelegenheit bekommen	SynoFVG
Unterstützung finden	unterstützt werden	SynoBVP
Erklärung finden	erklärt werden	SynoBVP
Anklang finden	gefallen	SynoVV
Aufnahme finden	aufgenommen werden	SynoBVP
Widerhall finden	ein Echo finden	SynoFVG
Berücksichtigung finden	berücksichtigt werden	SynoBVP
Verbreitung finden	verbreitet werden	SynoBVP
Ruhe finden	zur Ruhe kommen	SynoFVG
Verständnis finden	verstanden werden	SynoBVP
Beifall finden	gefallen	SynoVV
einen Abschluß finden	abgeschlossen werden	SynoBVP
Darstellung finden	dargestellt werden	SynoBVP
Anschluß finden	angeschlossen werden	SynoBVP
Absatz finden	abgesetzt werden	SynoBVP
Bestätigung finden	bestätigt werden	SynoBVP
Zuflucht finden	—	—
Leser finden	gelesen werden	SynoBVP
(s)eine Grenze finden	begrenzt werden	SynoBVP
Gehör finden	gehört werden	SynoBVP
den Tod finden	getötet werden	SynoBVP
Ersatz finden	ersetzt werden	SynoBVP
eine Bestimmung finden	—	—
Erwähnung finden	erwähnt werden	SynoBVP
Halt finden	gehalten werden	SynoBVP
eine Mehrheit finden	—	—
Mut finden	mutig werden	SynoBA
Billigung finden	gebilligt werden	SynoBVP
Widerstand finden	auf Widerstand treffen	SynoFVG
Interesse finden	auf Interesse stoßen	SynoFVG
Befriedigung finden	befriedigt werden	SynoBVP

führen

ein Gespräch führen	sprechen	SynoBV
Krieg führen	bekriegen	SynoBV
zu Ende führen	beenden	SynoBV
ein Leben führen	leben	SynoBV
eine Verhandlung führen	verhandeln	SynoBV
zu einem Ergebnis führen	—	—
Regie führen	—	—
einen Kampf führen	kämpfen	SynoBV
den Vorsitz führen	vorsitzen	SynoBV
einen Namen führen	heißen	SynoVV
ins Feld führen	—	—
einen Beweis führen	beweisen	SynoBV
zum Tod führen	—	—
Klage führen	klagen	SynoBV
einen Titel führen	einen Titel haben	SynoFVG
ein Geschäft führen	—	—
ein Haus führen	—	—
ein Dasein führen	leben	SynoVV
einen Angriff führen	angreifen	SynoBV
eine Untersuchung führen	untersuchen	SynoBV
eine Regierung führen	regieren	SynoBV
eine Besprechung führen	besprechen	SynoBV
Buch führen	verbuchen	SynoBV
eine Rede führen	reden	SynoBV
das Wort führen	Wortführer sein	SynoBS
Beschwerde führen	sich beschweren	SynoBV
einen Meinungsaustausch führen	sich austauschen	SynoBV
einen Haushalt führen	haushalten	SynoBV
einen Schlag führen	schlagen	SynoBV
eine Unterhaltung führen	sich unterhalten	SynoBV
in Versuchung führen	versuchen	SynoBV
eine Diskussion führen	diskutieren	SynoBV
ein Tagebuch führen	—	—
eine Waffe führen	—	—
zum Abschluß führen	abschließen	SynoBV
einen Prozeß führen	prozessieren	SynoBV
zur Spaltung führen	spalten	SynoBV
Protokoll führen	protokollieren	SynoBV

zum Ruin führen	ruinieren	SynoBV
zum Erfolg führen	erfolgversprechend sein	SynoBA
zum Scheitern führen	—	—
ins Verderben führen	—	—
zu einem Minus führen	—	—

geben

Antwort geben	antworten	SynoBV
zur Antwort geben	antworten	SynoBV
eine Möglichkeit geben	ermöglichen	SynoBV
Anlaß geben	veranlassen	SynoBV
Auskunft geben	Auskunft erteilen	SynoFVG
sich Mühe geben	sch bemühen	SynoBV
Gelegenheit geben	Gelegenheit bieten	SynoFVG
die Hand geben	—	—
eine Erklärung geben	erklären	SynoBV
einen Befehl geben	befehlen	SynoBV
ein Beispiel geben	—	—
Zeit geben	Zeit lassen	SynoFVG
Grund geben	—	—
Aufschluß geben	—	—
ein Zeichen geben	—	—
Hoffnung geben	—	—
einen Namen geben	nennen	SynoBV
Ausschlag geben	ausschlaggebend sein	SynoBA
einen Auftrag geben	beauftragen	SynoBV
eine Anweisung geben	anweisen	SynoBV
Recht geben	—	—
Veranlassung geben	veranlassen	SynoBV
einen Kuß geben	küssen	SynoBV
einen Rat geben	beraten	SynoBV
Bescheid geben	bescheiden	SynoBV
Ruhe geben	ruhig sein	SynoBV
die Ehre geben	beehren	SynoBV
sich einen Ruck geben	—	—
Nachricht geben	benachrichtigen	SynoBV
den Vorzug geben	bevorzugen	SynoBV
in Auftrag geben	—	—
Unterricht geben	unterrichten	SynoBV
ein Versprechen geben	versprechen	SynoBV
ein Gastspiel geben	gastieren	SynoBV

zu Protokoll geben	—	—
in Arbeit geben	—	—
in Produktion geben	—	—
in Verwahrung geben	—	—
in Fabrikation geben	—	—
in Druck geben	—	—
zur Bearbeitung geben	—	—
gehen		
von der Hand gehen	—	—
zur Hand gehen	helfen	SynoVV
zu Ende gehen	enden	SynoBV
zu Bett gehen	—	—
zur Schule gehen	Schüler sein	SynoBS
mit der Zeit gehen	zeitgemäß sein	SynoBA
an die Arbeit gehen	arbeiten	SynoBV
zur Arbeit gehen	arbeiten	SynoBV
durch den Kopf gehen	—	—
in Erfüllung gehen	sich erfüllen	SynoBV
zu Tisch gehen	zum Essen gehen	SynoFVG
unter die Leute gehen	—	—
ins Land gehen	—	—
zur Kirche gehen	Kirchgänger sein	SynoBS
um die Welt gehen	sich weltweit verbreiten	SynoBADV
zu Herzen gehen	rühren	SynoVV
auf den Grund gehen	gründlich prüfen	SynoBADV
ans Werk gehen	arbeiten	SynoVV
auf die Nerven gehen	nerven	SynoBV
in den Kampf gehen	kämpfen	SynoBV
ins Wasser gehen	sich ertränken	SynoVV
in den Tod gehen	—	—
zur Neige gehen	—	—
in Stellung gehen	sich aufstellen	SynoBV
in Deckung gehen	—	—
in Betrieb gehen	—	—
in Serie gehen	—	—
in Arbeit gehen	bearbeitet werden	SynoBVP
in Auftrag gehen	beauftragt werden	SynoBVP
in Druck gehen	gedruckt werden	SynoBVP
in Führung gehen	führen	SynoBV
in Herstellung gehen	hergestellt werden	SynoBVP

in Produktion gehen	produziert werden	SynoBVP
in Konkurs gehen	—	—
in den Ruhestand gehen	—	—
in Frontstellung gehen	—	—
in Revision gehen	revidiert werden	SynoBVP
zu Bruch gehen	zerbrochen werden	SynoBVP
zu Lasten gehen	belastet werden	SynoBVP
zu Rate gehen	sich beraten	SynoBV
zu Werke gehen	arbeiten	SynoVV
auf Distanz gehen	sich distanzieren	SynoBV

gelangen

zu einem Ergebnis gelangen	ein Ergebnis erzielen	SynoFVG
in den Besitz gelangen	Besitzer werden	SynoBS
ans Ziel gelangen	ans Ziel kommen	SynoFVG
zu einer Überzeugung gelangen	überzeugt werden	SynoBVP
zu einem Abschluß gelangen	abgeschlossen werden	SynoBVP
an die Macht gelangen	mächtig werden	SynoBA
zur Aufführung gelangen	aufgeführt werden	SynoBVP
zur Anwendung gelangen	angewendet werden	SynoBVP
zu einer Erkenntnis gelangen	erkennen	SynoBV
zum Ausdruck gelangen	ausgedrückt werden	SynoBVP
zur Kenntnis gelangen	bekannt werden	SynoBA
zur Ausführung gelangen	ausgeführt werden	SynoBVP
zu einem Schluß gelangen	schließen	SynoBV
in die Hände gelangen	—	—
zur Verteilung gelangen	verteilt werden	SynoBVP
zu einem Einvernehmen gelangen	sich einigen	SynoVV
zu einer Einsicht gelangen	einsehen	SynoBV
in den Genuß gelangen	bekommen	SynoVV
zur Blüte gelangen	erblühen	SynoBV
ans Ende gelangen	ans Ende kommen	SynoFVG
zur Durchführung gelangen	durchgeführt werden	SynoBVP
zu einer Einigung gelangen	sich einigen	SynoBV
zu Ansehen gelangen	angesehen werden	SynoBA
zur Entfaltung gelangen	sich entfalten	SynoBV
an die Öffentlichkeit gelangen	öffentlich werden	SynoBA
an die Regierung gelangen	Regent werden	SynoBS
zur Verlesung gelangen	verlesen werden	SynoBVP
zur Auszahlung gelangen	ausgezahlt werden	SynoBVP

zu einer Feststellung gelangen	feststellen	SynoBV
zur Reife gelangen	reifen	SynoBV
zu Wohlstand gelangen	wohlhabend werden	SynoBA
zur Darstellung gelangen	dargestellt werden	SynoBVP
zu Berühmtheit gelangen	berühmt werden	SynoBA
zur Verwendung gelangen	verwendet werden	SynoBVP
zur Anschauung gelangen	—	—
in den Verkauf gelangen	verkauft werden	SynoBVP
zum Sieg gelangen	siegen	SynoBV
zum Erfolg gelangen	erfolgreich sein	SynoBA
in die Freiheit gelangen	befreit werden	SynoBVP
zu einer Entscheidung gelangen	entscheiden	SynoBV
zur Entscheidung gelangen	entschieden werden	SynoBVP
zu einer Ansicht gelangen	—	—
zur Macht gelangen	mächtig werden	SynoBVP

genießen

Ansehen genießen	angesehen sein	SynoBA
Vertrauen genießen	—	—
Schutz genießen	geschützt werden	SynoBVP
einen Ruf genießen	einen Ruf haben	SynoFVG
Freiheit genießen	frei sein	SynoBA
einen Vorteil genießen	einen Vorteil haben	SynoFVG
eine Erziehung genießen	erzogen werden	SynoBVP
ein Recht genießen	berechtigt sein	SynoBA
Achtung genießen	geachtet werden	SynoBVP
Verehrung genießen	verehrt werden	SynoBVP
Unterstützung genießen	unterstützt werden	SynoBVP
ein Privileg genießen	privilegiert sein	SynoBA
Gastfreundschaft genießen	—	—
Immunität genießen	immun sein	SynoBA
Unterricht genießen	unterrichtet werden	SynoBVP
Sympathie genießen	sympathisch sein	SynoBA
ein Vorrecht genießen	bevorrechtigt sein	SynoBA
einen Vorzug genießen	bevorzugt sein	SynoBA
Weltruf genießen	Weltruf haben	SynoFVG
eine Ausbildung genießen	ausgebildet werden	SynoBVP
Autorität genießen	Autorität haben	SynoFVG
Respekt genießen	respektiert werden	SynoBVP
Vorrang genießen	vorrangig sein	SynoBA
Popularität genießen	populär sein	SynoBA

Steuerfreiheit genießen	steuerbefreit sein	SynoBA
Bewunderung genießen	bewundert werden	SynoBVP
Anerkennung genießen	anerkannt sein	SynoBA
Berühmtheit genießen	berühmt sein	SynoBA
Priorität genießen	priorisiert werden	SynoBVP
Wertschätzung genießen	geschätzt werden, geschätzt sein	SynoBVP, BA
Sicherheit genießen	sicher sein	SynoBA

geraten

in Vergessenheit geraten	vergessen werden	SynoBVP
in Konflikt geraten	—	—
ins Stocken geraten	stocken	SynoBV
in Bedrängnis geraten	bedrängt werden	SynoBVP
in Gefangenschaft geraten	gefangen werden	SynoBVP
in Gefahr geraten	gefährdet werden	SynoBVP
in Bewegung geraten	sich bewegen	SynoBV
in Unordnung geraten	unordentlich werden	SynoBA
in Verlegenheit geraten	verlegen werden	SynoBA
in Wut geraten	wütend werden	SynoBA
in Brand geraten	brennen	SynoBV
in Streit geraten	streiten	SynoBV
in Verdacht geraten	verdächtigt werden	SynoBVP
in Schwierigkeiten geraten	Schwierigkeiten bekommen	SynoFVG
in Widerspruch geraten	widersprüchlich werden	SynoBA
ins Hintertreffen geraten	—	—
in Abhängigkeit geraten	abhängig werden	SynoBA
in Not geraten	notleidend werden	SynoBA
in die Hände geraten	in die Hände fallen	SynoFVG
in Panik geraten	panisch werden	SynoBA
in Erregung geraten	erregt werden	SynoBVP
auf Abwege geraten	—	—
unter Einfluß geraten	beeinflußt werden	SynoBVP
in Versuchung geraten	versucht werden	SynoBVP
in Mißkredit geraten	—	—
in Konkurs geraten	in Konkurs gehen	SynoFVG
unter Druck geraten	—	—
in Verzug geraten	—	—
in Verfall geraten	verfallen	SynoBV
in Verzweiflung geraten	verzweifelt werden	SynoBA
in Schwingung geraten	schwingen	SynoBV
in Zwiespalt geraten	zwiespältig werden	SynoBA

ins Grübeln geraten	grübeln	SynoBV
aus dem Gleichgewicht geraten	—	—
in Schweiß geraten	schwitzen	SynoBV
außer Kontrolle geraten	unkontrollierbar werden	SynoBA
gewinnen		
Bedeutung gewinnen	bedeutend werden	SynoBA
einen Eindruck gewinnen	einen Eindruck bekommen	SynoFVG
die Oberhand gewinnen	überlegen werden	SynoBA
Einfluß gewinnen	einflußreich werden	SynoBA
Zeit gewinnen	—	—
Boden gewinnen	—	—
einen Einblick gewinnen	einen Einblick bekommen	SynoFVG
ein Bild gewinnen	sich ein Bild machen	SynoFVG
eine Erkenntnis gewinnen	erkennen	SynoBV
Kraft gewinnen	kräftig werden	SynoBA
Klarheit gewinnen	Klarheit bekommen	SynoFVG
einen Vorsprung gewinnen	einen Vorsprung erreichen	SynoFVG
Ansehen gewinnen	angesehen werden	SynoBA
die Freiheit gewinnen	frei werden	SynoBA
Sicherheit gewinnen	sicher werden	SynoBA
Erfahrung gewinnen	erfahren werden	SynoBA
Abstand gewinnen	Abstand bekommen	SynoFVG
Halt gewinnen	gehalten werden	SynoFVG
Anschluß gewinnen	Anschluß bekommen	SynoFVG
Vertrauen gewinnen	Vertrauen bekommen	SynoFVG
Gestalt gewinnen	gestaltet werden	SynoBVP
Interesse gewinnen	interessant werden	SynoBA
eine Überzeugung gewinnen	überzeugt werden	SynoBVP
eine Vorstellung gewinnen	eine Vorstellung bekommen	SynoFVG
halten		
eine Rede halten	reden	SynoBV
einen Vortrag halten	vortragen	SynoBV
vor Augen halten	klar machen	SynoVV
Ausschau halten	ausschauen	SynoBV
den Mund halten	schweigen	SynoVV
Einzug halten	einziehen	SynoBV
in Atem halten	—	—
Schritt halten	mitkommen	SynoVV
Ordnung halten	ordentlich sein	SynoBA
sich in Grenzen halten	begrenzt sein	SynoBA

151

die Treue halten	treu sein	SynoBA
Umschau halten	sich umschauen	SynoBV
im Zaum halten	—	—
eine Vorlesung halten	—	—
Wort halten	worttreu sein	SynoBA
ein Versprechen halten	—	—
sich die Waage halten	—	—
Fühlung halten	—	—
Wache halten	wachen	SynoBV
zum Narren halten	narren	SynoBV
Zwiesprache halten	sich unterhalten	SynoVV
in Ehren halten	ehren	SynoBV
in Gang halten	—	—

hegen

Hoffnung hegen	hoffen	SynoBV
Zweifel hegen	zweifeln	SynoBV
einen Glauben hegen	glauben	SynoBV
Gefühle hegen	—	—
eine Empfindung hegen	empfinden	SynoBV
eine Vorliebe hegen	bevorzugen	SynoVV
Achtung hegen	achten	SynoBV
Freundschaft hegen	befreundet sein	SynoBA
Feindschaft hegen	anfeinden	SynoBV
eine Erwartung hegen	erwarten	SynoBV
eine Absicht hegen	beabsichtigen	SynoBV
einen Plan hegen	planen	SynoBV
Gedanken hegen	denken	SynoBV
eine Illusion hegen	—	—
eine Überzeugung hegen	überzeugt sein	SynoBA
Vertrauen hegen	vertrauen	SynoBV
eine Meinung hegen	meinen	SynoBV
eine Gesinnung hegen	gesinnt sein	SynoBA
eine Antipathie hegen	—	—
einen Wunsch hegen	wünschen	SynoBV
einen Traum hegen	träumen	SynoBV
eine Befürchtung hegen	befürchten	SynoBV
Verdacht hegen	verdächtigen	SynoBV
Bedenken hegen	bedenklich finden	SynoBA
Mißtrauen hegen	mißtrauen	SynoBV
Sympathie hegen	sympathisieren	SynoBV

Haß hegen	hassen	SynoBV
Besorgnis hegen	besorgt sein	SynoBA
Argwohn hegen	argwöhnen	SynoBV
Abneigung hegen	abgeneigt sein	SynoBA
Groll hegen	grollen	SynoBV
eine Vermutung hegen	vermuten	SynoBV
Zuversicht hegen	zuversichtlich sein	SynoBA
Bewunderung hegen	bewundern	SynoBV
Zuneigung hegen	zugeneigt sein	SynoBA

kommen

in Betracht kommen	—	—
in Frage kommen	—	—
an den Tag kommen	aufgedeckt werden	SynoBVP
zum Ausdruck kommen	ausgedrückt werden	SynoBVP
auf einen Gedanken kommen	denken	SynoBV
zum Vorschein kommen	erscheinen	SynoBV
zu Wort kommen	—	—
in Berührung kommen	berührt werden	SynoBVP
zur Geltung kommen	—	—
zu Hilfe kommen	helfen	SynoBV
zum Abschluß kommen	abgeschlossen werden	SynoBVP
zu einem Schluß kommen	schließen	SynoBV
unter die Leute kommen	—	—
zur Welt kommen	geboren werden	SynoBVP
zur Vernunft kommen	vernünftig werden	SynoBA
auf eine Idee kommen	—	—
zu Bewußtsein kommen	—	—
zur Ruhe kommen	ruhig werden	SynoBA
ums Leben kommen	getötet werden	SynoBVP
zu Tode kommen	getötet werden	SynoBVP
ins Gespräch kommen	—	—
zur Sprache kommen	besprochen werden	SynoBVP
zu Tisch kommen	zum Essen kommen	SynoFVG
zu Besuch kommen	besuchen	SynoBV
zum Stillstand kommen	stillstehen	SynoBV
zum Zuge kommen	—	—
zur Sache kommen	—	—
in Gang kommen	—	—
in den Sinn kommen	einfallen	SynoVV
zu Fall kommen	fallen	SynoBV

zur Überzeugung kommen	überzeugt werden	SynoBVP
zu Geld kommen	—	—
an die Macht kommen	die Macht übernehmen	SynoFVG
zur Anwendung kommen	angewendet werden	SynoBVP
zur Schule kommen	eingeschult werden	SynoBVP
zu einer Einigung kommen	sich einigen	SynoBV
auf die Spur kommen	—	
ans Licht kommen	entdeckt werden	SynoBVP
ins Geschäft kommen	—	—
in die Quere kommen	stören, behindern	SynoVV
in Fahrt kommen	—	—
in Kontakt kommen	—	—
zur Besinnung kommen	besonnen werden	SynoBA
in Konflikt kommen	—	—
aus der Mode kommen	unmodern werden	SynoBA
ins Rollen kommen		
zum Einsatz kommen	eingesetzt werden	SynoBVP
zu Ansehen kommen	zu Ansehen gelangen	SynoFVG
zum Ausbruch kommen	ausbrechen	SynoBV
in Bewegung kommen	bewegt werden	SynoBVP
zur Versteigerung kommen	versteigert werden	SynoBVP
in Verbindung kommen	verbunden werden	SynoBVP
lassen		
im Stich lassen	verlassen	SynoVV
in Ruhe lassen	ungestört lassen	SynoFVG
in Frieden lassen	ungestört lassen	SynoFVG
Zeit lassen	Zeit geben	SynoFVG
im Zweifel lassen	—	—
im Glauben lassen	täuschen	SynoVV
Wasser lassen	urinieren	SynoVV
zu Wasser lassen	ins Wasser bringen	SynoFVG
am Leben lassen	—	—
aus den Fingern lassen	—	—
seinen Lauf lassen	dulden	SynoVV
Raum lassen	Raum geben	SynoFVG
den Vortritt lassen	—	—
aus den Augen lassen	unbeobachtet lassen	SynoVV
legen		
Wert legen	—	—
Gewicht legen	wichtig finden	SynoBA

zur Last legen	anlasten	SynoBV
an den Tag legen	—	—
den Grund legen	begründen	SynoBV
zur Seite legen	beseitigen	SynoBV
ans Herz legen	—	—
Karten legen	—	—
Nachdruck legen	betonen	SynoVV
das Handwerk legen	hindern	SynoVV
in Falten legen	falten	SynoBV
Feuer legen	zündeln	SynoVV
ein Fundament legen	ein Fundament schaffen	SynoFVG
eine Grundlage legen	eine Grundlage schaffen	SynoFVG
zu den Akten legen	ablegen	SynoVV
sich auf die Lauer legen	lauern	SynoBV
Betonung legen	betonen	SynoBV
leihen		
Unterstützung leihen	unterstützen	SynoBV
sein Ohr leihen	zuhören	SynoVV
Beistand leihen	beistehen	SynoBV
seine Stimme leihen	—	—
Gehör leihen	anhören	SynoBV
Kräfte leihen	kräftigen	SynoBV
Worte leihen	ausdrücken	SynoVV
Dienste leihen	dienen	SynoBV
Hilfe leihen	helfen	SynoBV
Ausdruck leihen	ausdrücken	SynoBV
seine Beihilfe leihen	mithelfen	SynoBV
leisten		
Widerstand leisten	widerstehen	SynoBV
einen Beitrag leisten	beitragen	SynoBV
Dienst leisten	dienen	SynoBV
Dienst leisten	Wehrdienst leisten	SynoFVG
Dienste leisten	Dienste erweisen	SynoFVG
einen Beitrag leisten	beitragen	SynoBV
eine Arbeit leisten	arbeiten	SynoBV
Hilfe leisten	helfen	SynoBV
einen Eid leisten	beeiden	SynoBV
einen Eid leisten	einen Eid ablegen	SynoFVG
einen Meineid leisten	—	—
einen Schwur leisten	schwören	SynoBV

einen Schwur leisten	einen Schwur ablegen	SynoFVG
ein Gelöbnis leisten	geloben	SynoBV
eine Unterschrift leisten	unterschreiben	SynoBV
Beistand leisten	beistehen	SynoBV
Unterstützung leisten	unterstützen	SynoBV
Assistenz leisten	assistieren	SynoBV
Gesellschaft leisten	sich gesellen	SynoBV
Verzicht leisten	verzichten	SynoBV
eine Zahlung leisten	bezahlen	SynoBV
Zahlungen leisten	regelmäßig zahlen	SynoBV
eine Anzahlung leisten	anzahlen	SynoBV
Abbitte leisten	abbitten	SynoBV
Ersatz leisten	ersetzen	SynoBV
Folge leisten	folgen	SynoBV
Gehorsam leisten	gehorchen	SynoBV
Vorschub leisten	fördern	SynoVV
eine Bürgschaft leisten	bürgen	SynoBV
eine Garantie leisten	garantieren	SynoBV

liegen

im Interesse liegen	interessant sein	SynoBA
auf der Hand liegen	klar sein	SynoVV
am Boden liegen	zerstört sein	SynoVV
am Herzen liegen	wichtig sein	SynoVV
auf dem Tisch liegen	bekannt sein	SynoVV
vor Augen liegen	sichtbar sein	SynoVV
im Bereich liegen	gehören zu	SynoVV
im Wesen liegen	—	—
in der Luft liegen	—	—
an der Grenze liegen	an der Grenze sein	SynoFVG
im Sterben liegen	sterben	SynoBV
auf den Knien liegen	anflehen	SynoVV
zu Füßen liegen	anhimmeln	SynoVV
auf einer Linie liegen	gleich sein	SynoVV
auf einer Ebene liegen	gleich sein	SynoVV
auf der Lauer liegen	lauern	SynoBV
auf Eis liegen	unbearbeitet sein	SynoVV
in Führung liegen	führend sein	SynoBA
im Streit liegen	streiten	SynoBV
im Trend liegen	modern sein	SynoVV
im Magen liegen	unbekömmlich sein	SynoVV

machen

den Anfang machen	anfangen	SynoBV
ein Angebot machen	anbieten	SynoBV
eine Aussage machen	aussagen	SynoBV
Abstriche machen	reduzieren	SynoVV
Bekanntschaft machen	kennenlernen	SynoBV
Besorgungen machen	besorgen	SynoBV
einen Besuch machen	besuchen	SynoBV
eine Diät machen	Diät leben	SynoFVG
Druck machen	unter Druck setzen	SynoFVG
ein Ende machen	beenden	SynoBV
Feierabend machen	—	—
Feuer machen	ein Feuer entfachen	SynoFVG
Gebrauch machen	gebrauchen	SynoBV
sich Gedanken machen	nachdenken	SynoVV
Geschichte machen	—	—
Halt machen	anhalten	SynoBV
Hoffnung machen	—	—
Karriere machen	—	—
Kasse machen	—	—
Konkurs machen	in Konkurs gehen	SynoFVG
Krach machen	lärmen	SynoVV
Lärm machen	lärmen	SynoBV
Musik machen	musizieren	SynoBV
Mut machen	ermutigen	SynoBV
Profit machen	—	—
Rast machen	rasten	SynoBV
Reklame machen	werben	SynoVV
Schande machen	blamieren	SynoVV
Schmutz machen	beschmutzen	SynoBV
Schulden machen	sich verschulden	SynoBV
Sorgen machen	—	—
Stimmung machen	einstimmen	SynoBV
Terror machen	terrorisieren	SynoBV
Unfug machen	—	—
Urlaub machen	urlauben	SynoBV
zum Vorwurf machen	vorwerfen	SynoBV
Erfahrungen machen	erfahren werden	SynoBA
ein Betreuungsangebot machen	—	—
zum Thema machen	thematisieren	SynoBV

nachgehen

einer Arbeit nachgehen	arbeiten	SynoBV
einer Frage nachgehen	—	—
einem Gewerbe nachgehen	ein Gewerbe betreiben	SynoFVG
einer Vergnügung nachgehen	sich vergnügen	SynoBV
einer Beschwerde nachgehen	eine Beschwerde prüfen	SynoFVG
einem Hinweis nachgehen	einen Hinweis prüfen	SynoFVG
seiner Pflicht nachgehen	seine Pflicht tun	SynoFVG
einem Beruf nachgehen	berufstätig sein	SynoBA
einer Beschäftigung nachgehen	beschäftigt sein	SynoBA
der Prostitution nachgehen	sich prostituieren	SynoBV
einem Interesse nachgehen	ein Interesse pflegen	SynoFVG

nehmen

in Anspruch nehmen	beanspruchen	SynoBV
zur Kenntnis nehmen	wahrnehmen	SynoVV
Kenntnis nehmen	—	—
Stellung nehmen	—	—
in die Hand nehmen	—	—
Rücksicht nehmen	berücksichtigen	SynoBV
Platz nehmen	sich hinsetzen	SynoVV
Abschied nehmen	sich verabschieden	SynoBV
Abstand nehmen	—	—
Aufstellung nehmen	sich aufstellen	SynoBV
in Aussicht nehmen	—	—
in Kauf nehmen	—	—
Bezug nehmen	sich beziehen	SynoBV
einen Verlauf nehmen	verlaufen	SynoBV
in Empfang nehmen	empfangen	SynoBV
sich Zeit nehmen	sich Zeit lassen	SynoFVG
ein Ende nehmen	enden	SynoBV
Anteil nehmen	—	—
Notiz nehmen	beachten	SynoVV
beim Wort nehmen	—	—
Anstoß nehmen	beanstanden	SynoVV
in Schutz nehmen	schützen	SynoBV
den Hut nehmen	kündigen	SynoVV
Einfluß nehmen	beeinflussen	SynoBV
in Besitz nehmen	besetzen	SynoBV
einen Ausgang nehmen	ausgehen	SynoBV
Zuflucht nehmen	sich flüchten	SynoBV

sich das Leben nehmen	sich umbringen	SynoVV
in Betrieb nehmen	betreiben	SynoBV
zum Anlaß nehmen	—	—
in Augenschein nehmen	betrachten	SynoVV
Schaden nehmen	geschädigt werden	SynoBVP
in Haft nehmen	verhaften	SynoBV
unter die Lupe nehmen	prüfen	SynoVV
Rache nehmen	sich rächen	SynoBV
einen Anlauf nehmen	—	—
Aufstellung nehmen	sich aufstellen	SynoBV
in Dienst nehmen	einstellen	SynoVV
Urlaub nehmen	sich frei nehmen	SynoVV
sich zu Herzen nehmen	beherzigen	SynoBV
sich ein Beispiel nehmen	—	—
in die Pflicht nehmen	verpflichten	SynoBV
zu Hilfe nehmen	—	—
Einsicht nehmen	einsehen	SynoBV
unter Beschuß nehmen	beschießen	SynoBV
unter Beschuß nehmen	kritisieren	SynoVV
in Beschlag nehmen	beschlagnahmen	SynoBV
in Gewahrsam nehmen	—	—
in Polizeigewahrsam nehmen	—	—
in Untersuchungshaft nehmen	—	—
ins Visier nehmen	anvisieren	SynoBV
unter Feuer nehmen	beschießen	SynoVV
zur Leitfigur nehmen	—	—
zum Vorbild nehmen	—	—
zum Maßstab nehmen	—	—

pflegen

eine Beziehung pflegen	eine Beziehung unterhalten	SynoFVG
Kontakt pflegen	in Kontakt stehen	SynoFVG
Umgang pflegen	umgehen	SynoBV
Freundschaft pflegen	befreundet sein	SynoBA
einen Geist pflegen	—	—
der Ruhe pflegen	ruhen	SynoBV
Verkehr pflegen	verkehren	SynoBV
eine Vorliebe pflegen	einer Vorliebe nachgehen	SynoFVG
Meinungsaustausch pflegen	sich austauschen	SynoBV
Geselligkeit pflegen	gesellig sein	SynoBA
eine Tradition pflegen	eine Tradition wahren	SynoFVG

159

einen Stil pflegen	—	—
Zusammenarbeit pflegen	zusammenarbeiten	SynoBV
ein Erbe pflegen	ein Erbe erhalten	SynoFVG
Unterhaltung pflegen	sich unterhalten	SynoBV
eine Tugend pflegen	tugendsam sein	SynoBA
Gedankenaustausch pflegen	sich austauschen	SynoBV
ein Interesse pflegen	einem Interesse nachgehen	SynoFVG
die Natur pflegen	die Natur erhalten	SynoFVG

schenken

Aufmerksamkeit schenken	beachten	SynoVV
Beachtung schenken	beachten	SynoBV
Glauben schenken	glauben	SynoBV
Gehör schenken	zuhören	SynoBV
Vertrauen schenken	vertrauen	SynoBV
Augenmerk schenken	bemerken	SynoBV
Gunst schenken	begünstigen	SynoBV
einen Blick schenken	anblicken	SynoBV
Gnade schenken	gnädig sein	SynoBA
die Freiheit schenken	befreien	SynoBV
Zärtlichkeit schenken	zärtlich sein	SynoBA

schlagen

Brücken schlagen	verbinden	SynoVV
das Kreuz schlagen	sich bekreuzigen	SynoBV
Wurzeln schlagen	anwurzeln	SynoBV
ein Schnippchen schlagen	überlisten	SynoVV
eine Schlacht schlagen	—	—
Wellen schlagen	—	—
in die Flucht schlagen	vertreiben	SynoVV
einen Purzelbaum schlagen	—	—
mit den Flügeln schlagen	flattern	SynoVV
eine Wunde schlagen	verwunden	SynoBV
Alarm schlagen	alarmieren	SynoBV
Kapital schlagen	ausnutzen	SynoVV
den Takt schlagen	den Takt angeben	SynoFVG
einen Haken schlagen	—	—
einen Bogen schlagen	—	—
Holz schlagen	Holz machen	SynoFVG
Rad schlagen	—	—
eine Kerbe schlagen	einkerben	SynoBV
Krach schlagen	lärmen	SynoVV

Krach schlagen	schimpfen	SynoVV
eine Rekord schlagen	einen Rekord übertreffen	SynoFVG
sich durchs Leben schlagen	sich durchschlagen	SynoVV
zu Buche schlagen	buchmäßig belasten	SynoBADV
zum Krüppel schlagen	schlagend schwer verletzen	SynoBADV
aus dem Feld schlagen	besiegen	SynoVV
auf die Schulter schlagen	loben	SynoVV
sich an die Brust schlagen	einen Fehler zugeben	SynoFVG
in den Wind schlagen	verwerfen	SynoVV
aufs Gemüt schlagen	bedrücken	SynoVV
schließen		
einen Vertrag schließen	—	—
Frieden schließen	—	—
ein Abkommen schließen	ein Abkommen treffen	SynoFVG
Freundschaft schließen	sich anfreunden	SynoBV
eine Ehe schließen	heiraten	SynoVV
ein Bündnis schließen	sich verbünden	SynoBV
ein Geschäft schließen	—	—
einen Kompromiss schließen	—	—
einen Pakt schließen	paktieren	SynoBV
einen Bund schließen	sich verbünden	SynoBV
Bekanntschaft schließen	sich kennenlernen	SynoBV
einen Friedensvertrag schließen	—	—
einen Waffenstillstand schließen	—	—
eine Versammlung schließen	eine Versammlung beenden	SynoFVG
ein Kapitel schließen	ein Kapitel beenden	SynoFVG
einen Vergleich schließen	sich vergleichen	SynoBV
schreiten		
zur Tat schreiten	tun, tätig werden	SynoBV, BA
zum Angriff schreiten	angreifen	SynoBV
in den Krieg schreiten	bekriegen	SynoBV
zur Abstimmung schreiten	abstimmen	SynoBV
zur Selbsthilfe schreiten	sich selbst helfen	SynoBV
zur Operation schreiten	operieren	SynoBV
zur Verhaftung schreiten	verhaften	SynoBV
zum Altar schreiten	heiraten	SynoVV
zur Wahl schreiten	wählen	SynoBV
zur Aktion schreiten	agieren	SynoBV
zum Sturm schreiten	anstürmen	SynoBV
zum Sieg schreiten	siegen	SynoBV

setzen

in Bewegung setzen	bewegen	SynoBV
sich in Bewegung setzen	sich bewegen	SynoBV
in Kraft setzen	durchsetzen	SynoVV
sich zur Wehr setzen	sich wehren	SynoBV
in Kenntnis setzen	benachrichtigen	SynoVV
in Gang setzen	in Gang bringen	SynoFVG
sich zum Ziel setzen	sich vornehmen	SynoVV
eine Grenze setzen	begrenzen	SynoBV
sich in Verbindung setzen	sich verbinden	SynoBV
ein Ende setzen	beenden	SynoBV
in Brand setzen	in Brand stecken	SynoFVG
Hoffnung setzen	hoffen	SynoBV
auf die Tagesordnung setzen	—	—
in Bezug setzen	beziehen	SynoBV
in Beziehung setzen	beziehen	SynoBV
in die Welt setzen	zur Welt bringen	SynoFVG
ein Denkmal setzen	—	—
in den Stand setzen	—	—
in Szene setzen	inszenieren	SynoBV
sich in den Kopf setzen	sich vornehmen	SynoVV
in Freiheit setzen	befreien	SynoBV
in Erstaunen setzen	erstaunen	SynoBV
in Betrieb setzen	betreiben	SynoBV
einen Akzent setzen	akzentuieren	SynoBV
in Umlauf setzen	in Umlauf bringen	SynoFVG
in Marsch setzen	—	—
unter Druck setzen	unterdrücken	SynoBV
aufs Spiel setzen	riskieren	SynoVV
außer Gefecht setzen	—	—
außer Betrieb setzen	—	—
außer Kraft setzen	abschaffen	SynoVV
Maßstäbe setzen	—	—
sich zur Ruhe setzen	sich ausruhen	SynoBV

spenden

Beifall spenden	applaudieren	SynoVV
Trost spenden	trösten	SynoBV
Lob spenden	loben	SynoBV
Segen spenden	segnen	SynoBV
Schatten spenden	beschatten	SynoBV

Licht spenden	beleuchten	SynoBV
Wärme spenden	wärmen	SynoBV
Nahrung spenden	ernähren	SynoBV
Kühlung spenden	kühlen	SynoBV
Hoffnung spenden	Hoffnung geben	SynoFVG
Kraft spenden	kräftigen	SynoBV
Freude spenden	erfreuen	SynoBV
Glück spenden	beglücken	SynoBV

spielen

eine Rolle spielen	—	—
einen Streich spielen	—	—
Versteck spielen	sich verstecken	SynoBV
Schicksal spielen	—	—
mit einem Gedanken spielen	überlegen	SynoVV
auf Zeit spielen	abwarten	SynoVV
eine Vermittlerrolle spielen	vermitteln	SynoBV
eine Schlüsselrolle spielen	entscheidend sein	SynoVV
die Hauptrolle spielen	wichtig sein	SynoVV

stecken

in Brand stecken	in Brand setzen	SynoFVG
sich ein Ziel stecken	sich zum Ziel nehmen	SynoFVG
ins Gefängnis stecken	inhaftieren	SynoVV
in eine Zwangsjacke stecken	einengen	SynoVV
eine Grenze stecken	eine Grenze setzen	SynoFVG
ins Bett stecken	ins Bett bringen	SynoFVG
in einer Gefahr stecken	in Gefahr sein	SynoFVG

stehen

zur Verfügung stehen	verfügbar sein	SynoBA
im Mittelpunkt stehen	zentral sein	SynoBA
im Vordergrund stehen	—	—
in Zusammenhang stehen	zusammenhängen	SynoBV
an der Spitze stehen	—	—
in Widerspruch stehen	widersprechen	SynoBV
in Verbindung stehen	verbunden sein	SynoBA
in Gegensatz stehen	entgegenstehen	SynoVV
außer Frage stehen	unstrittig sein	SynoBA
in Frage stehen	fraglich sein	SynoBA
in Beziehung stehen	—	—
in Einklang stehen	übereinstimmen	SynoVV
auf einem Standpunkt stehen	einen Standpunkt vertreten	SynoFVG

im Dienst stehen	—	—
im Verhältnis stehen	—	—
unter dem Zeichen stehen	—	—
auf dem Spiel stehen	—	—
am Anfang stehen	beginnen	SynoVV
im Wort stehen	—	—
zu Buche stehen	—	—
unter Einfluß stehen	beeinflußt sein	SynoBVP
zu Gebote stehen	—	—
im Raum stehen	—	—
im Kampf stehen	kämpfen	SynoBV
m Begriff stehen	begriffen sein	SynoBA
außer Zweifel stehen	unzweifelhaft sein	SynoBA
zur Diskussion stehen	diskutiert werden	SynoBVP
unter Verdacht stehen	verdächtigt werden	SynoBVP
unter Strafe stehen	strafbar sein	SynoBA
in Wettbewerb stehen	wetteifern	SynoVV
in Verhandlungen stehen	verhandeln	SynoBV
im Ruf stehen	einen Ruf haben	SynoFVG
in Kontakt stehen	—	—
auf der Kippe stehen	—	—
auf dem Prüfstand stehen	—	—
unter Anklage stehen	angeklagt werden	SynoBVP
unter Arrest stehen	—	—
unter Druck stehen	—	—
unter Streß stehen	gestreßt sein	SynoBA
zur Seite stehen	beistehen	SynoVV
zur Wahl stehen	wählbar sein	SynoBA
ins Haus stehen	bevorstehen	SynoVV
Schlange stehen	—	—
Wache stehen	wachen, bewachen	SynoBV
Modell stehen	—	—
Pate stehen	—	—
in Konflikt stehen	—	—
in Wechselwirkung stehen	—	—
in Verruf stehen	verrufen sein	SynoBA
im Wege stehen	stören	SynoVV
im Kontrast stehen	kontrastieren	SynoBV
unter Zugzwang stehen	—	—
unter Zeitdruck stehen	—	—

unter dem Eindruck stehen	beeindruckt sein	SynoBA
unter Nachfragedruck stehen	—	—
unter der Leitung stehen	geleitet werden	SynoBA
unter der Herrschaft stehen	beherrscht werden	SynoBA
zu Gesicht stehen	stehen	SynoVV
stellen		
zur Verfügung stellen	—	
eine Frage stellen	fragen	SynoBV
in Frage stellen	—	—
in Aussicht stellen	—	—
einen Antrag stellen	beantragen	SynoBV
in Dienst stellen	—	—
eine Forderung stellen	fordern	SynoBV
in Abrede stellen	bestreiten	SynoVV
in Rechnung stellen	berechnen	SynoBV
Ansprüche stellen	anspruchsvoll sein	SynoBA
unter Beweis stellen	beweisen	SynoBV
auf die Probe stellen	—	—
vor Gericht stellen	—	—
eine Bedingung stellen	—	—
zur Schau stellen	ausstellen	SynoVV
zur Rede stellen	—	—
auf den Kopf stellen	durcheinanderbringen	SynoVV
zur Diskussion stellen	—	—
in den Schatten stellen	—	—
auf die Beine stellen	aufbauen	SynoVV
ein Bein stellen	—	—
zur Wahl stellen	—	—
unter Strafe stellen	bestrafen	SynoBV
ein Ultimatum stellen	—	—
zur Disposition stellen	—	—
unter Schutz stellen	beschützen	SynoBV
eine Diagnose stellen	diagnostizieren	SynoBV
unter Hausarrest stellen	—	—
auf den Prüfstand stellen	prüfen	SynoBV
zur Abstimmung stellen	—	—
unter Anklage stellen	anklagen	SynoBV
unter Gläubigerschutz stellen	—	—
unter Naturschutz stellen	—	—
stoßen		

auf Widerstand stoßen	—	—
auf Schwierigkeiten stoßen	erschwert werden	SynoBVP
an Grenzen stoßen	begrenzt werden	SynoBVP
auf Widerspruch stoßen	widersprochen werden	SynoBVP
auf Ablehnung stoßen	abgelehnt werden	SynoBVP
auf ein Hindernis stoßen	behindert werden	SynoBVP
auf Kritik stoßen	kritisiert werden	SynoBVP
auf Verständnis stoßen	verstanden werden	SynoBVP
auf Unverständnis stoßen	nicht verstanden werden	SynoBVP
auf Gegenliebe stoßen	—	—
auf Bedenken stoßen	—	—
auf Resonanz stoßen	Resonanz finden	SynoFVG
auf Schranken stoßen	eingeschränkt werden	SynoBVP
auf Zustimmung stoßen	zugestimmt werden	SynoBVP
auf Zustimmung stoßen	Zustimmung ernten	SynoFVG
stürzen		
ins Unglück stürzen	unglücklich machen	SynoBA
ein Regime stürzen	ein Regime beseitigen	SynoFVG
ins Verderben stürzen	—	—
ins Chaos stürzen	chaotisch machen	SynoBA
auf die Straße stürzen	—	—
ins Elend stürzen	elend machen	SynoBA
sich ins Abenteuer stürzen	—	—
in Verzweiflung stürzen	verzweifelt machen	SynoBA
in eine Katastrophe stürzen	—	—
in Verwirrung stürzen	verwirren	SynoBV
sich in den Kampf stürzen	kämpfen	SynoBV
in eine Krise stürzen	—	—
sich in die Arbeit stürzen	arbeiten	SynoBV
sich in Unkosten stürzen	—	—
tragen		
Rechnung tragen	berücksichtigen	SynoVV
die Verantwortung tragen	verantwortlich sein	SynoBA
Sorge tragen	sorgen	SynoBV
einen Namen tragen	benannt sein	SynoBA
Schuld tragen	schuld sein	SynoBA
zur Schau tragen	vorführen	SynoVV
die Kosten tragen	bezahlen	SynoVV
einen Stempel tragen	gestempelt sein	SynoBA
zu Grabe tragen	begraben	SynoBV

Waffen tragen	bewaffnet sein	SynoBA
Bedenken tragen	Bedenken haben	SynoFVG
einen Bart tragen	bärtig sein	SynoBA
sich mit einem Gedanken tragen	denken	SynoBV
die Folgen tragen	—	—
das Risiko tragen	riskieren	SynoBV
ein Leid tragen	leiden	SynoBV

treffen

eine Maßnahme treffen	—	—
eine Entscheidung treffen	entscheiden	SynoBV
Vorbereitungen treffen	vorbereiten	SynoBV
Vorsorge treffen	vorsorgen	SynoBV
Vorkehrungen treffen	—	—
eine Vereinbarung treffen	vereinbaren	SynoBV
eine Anordnung treffen	anordnen	SynoBV
eine Auswahl treffen	auswählen	SynoBV
ein Abkommen treffen	übereinkommen	SynoBV
eine Wahl treffen	wählen	SynoBV
eine Regelung treffen	regeln	SynoBV
eine Feststellung treffen	feststellen	SynoBV
eine Abmachung treffen	abmachen	SynoBV
eine Bestimmung treffen	bestimmen	SynoBV
Anstalten treffen	—	—
Maßregeln treffen	—	—
eine Verabredung treffen	sich verabreden	SynoBV
eine Verfügung treffen	verfügen	SynoBV
eine Unterscheidung treffen	unterscheiden	SynoBV
eine Disposition treffen	disponieren	SynoBV

treiben

Handel treiben	handeln	SynoBV
ein Spiel treiben	spielen	SynoBV
Politik treiben	—	—
Sport treiben	sportlich sein	SynoBA
sein Unwesen treiben	—	—
auf die Spitze treiben	—	—
in die Enge treiben	—	—
Unfug treiben	—	—
Mißbrauch treiben	mißbrauchen	SynoBV
Blüten treiben	erblühen	SynoBV
Aufwand treiben	—	—

zur Verzweiflung treiben	verzweifelt machen	SynoBA
einen Keil treiben	entzweien	SynoVV
Raubbau treiben	—	—
Unzucht treiben	—	—
Spionage treiben	spionieren	SynoBV
Wurzeln treiben	anwurzeln	SynoBV
ins Elend treiben	elend machen	SynoBA
seinen Spott treiben	verspotten	SynoBV
Scherze treiben	scherzen	SynoBV
in die Armut treiben	arm machen	SynoBA
in die Pleite treiben	—	—
in die Flucht treiben	—	—
treten		
in Kraft treten	wirsam werden	SynoBA
an die Stelle treten	ersetzen	SynoVV
in Erscheinung treten	erscheinen	SynoBV
in den Vordergrund treten	—	—
in den Hintergrund treten	—	—
in Verbindung treten	sich verbinden	SynoBV
in den Ruhestand treten	in Pension gehen	SynoFVG
in Aktion treten	akiv werden	SynoBA
an die Öffentlichkeit treten	öffentlich werden	SynoBA
in Gegensatz treten	—	—
in den Ausstand treten	—	—
in den Streik treten	streiken	SynoBV
in Konkurrenz treten	konkurrieren	SynoBV
in den Wettbewerb treten	wetteifern	SynoBV
auf den Plan treten	—	—
ins Bewußtsein treten	bewußt werden	SynoBV
in Kontakt treten	kontaktieren	SynoBV
in Verhandlungen treten	verhandeln	SynoBV
in den Hungerstreik treten	—	—
in Dialog treten	—	—
üben		
Kritik üben	kritisieren	SynoBV
Zurückhaltung üben	sich zurückhalten	SynoBV
Gerechtigkeit üben	gerecht sein	SynoBA
Vergeltung üben	vergelten	SynoBV
Nachsicht üben	nachsichtig sein	SynoBA
Geduld üben	geduldig sein	SynoBA

sich in Geduld üben	geduldig sein	SynoBA
Verrat üben	verraten	SynoBV
Rache üben	sich rächen	SynoBV
Solidarität üben	solidarisch sein	SynoBA
Rücksicht üben	rücksichtsvoll sein	SynoBA
Toleranz üben	tolerant sein	SynoBA
Disziplin üben	diszipliniert sein	SynoBA
Neutralität üben	neutral sein	SynoBA
Wachsamkeit üben	wachsam sein	SynoBA
Sorgfalt üben	sorgfältig sein	SynoBA
sich in Sorgfalt üben	sorgfältig sein	SynoBA
Gnade üben	gnädig sein	SynoBA
Widerstand üben	Widerstand leisten	SynoFVG

unternehmen

einen Versuch unternehmen	versuchen	SynoBV
Schritte unternehmen	—	—
eine Anstrengung unternehmen	sich anstrengen	SynoBV
eine Reise unternehmen	reisen	SynoBV
eine Aktion unternehmen	agieren	SynoBV
einen Angriff unternehmen	angreifen	SynoBV
einen Ausflug unternehmen	einen Ausflug machen	SynoFVG
einen Vorstoß unternehmen	vorstoßen	SynoBV
einen Selbstmordversuch unternehmen	—	—
eine Maßnahme unternehmen	eine Maßnahme treffen	SynoFVG
eine Initiative unternehmen	die Initiative ergreifen	SynoFVG
eine Expedition unternehmen	eine Expedition machen	SynoFVG
eine Anlauf unternehmen	einen Anlauf machen	SynoFVG
eine Wanderung unternehmen	wandern	SynoBV

(sich) unterziehen

(sich) einer Prüfung unterziehen	prüfen (geprüft werden)	SynoBV(BVP)
(sich) einer Kritik unterziehen	kritisieren (kritisiert werden)	SynoBV(BVP)
(sich) einer Untersuchung unterziehen	untersuchen (untersucht werden)	SynoBV(BVP)
einer Revision unterziehen	revidieren	SynoBV
sich der Mühe unterziehen	sich bemühen	SynoBV
(sich) einer Überprüfung unterziehen	überprüfen (überprüft werden)	SynoBV(BVP)
(sich) einer Operation unterziehen	operieren (operiert werden)	SynoBV(BVP)

(sich) einem Verhör unterziehen	verhören (verhört werden)	SynoBV(BVP)
(sich) einer Behandlung unterziehen	behandeln (behandelt werden)	SynoBV(BVP)
(sich) einer Kontrolle unterziehen	kontrollieren (kontrolliert werden)	SynoBV(BVP)
(sich) einem Eingriff unterziehen	—	—
(sich) einer Therapie unterziehen	therapieren (therapiert werden)	SynoBV(BVP)
(sich) einer Anstrengung unterziehen	anstrengen (sich anstrengen)	SynoBV
(sich) einer Reinigung unterziehen	reinigen (sich reinigen)	SynoBV
(sich) einer Ausbildung unterziehen	ausbilden (ausgebildet werden)	SynoBV(BVP)
(sich) einem Test unterziehen	testen (getestet werden)	SynoBV(BVP)
verfallen		
in einen Fehler verfallen	einen Fehler machen	SynoFVG
in Konkurs verfallen	Konkurs machen	SynoFVG
auf einen Gedanken verfallen	auf einen Gedanken kommen	SynoFVG
auf eine Idee verfallen	auf eine Idee kommen	SynoFVG
einem Irrtum verfallen	sich irren	SynoBV
in Schlaf verfallen	einschlafen	SynoBV
dem Wahnsinn verfallen	wahnsinnig werden	SynoBA
dem Tod verfallen	—	—
in ein Extrem verfallen	extrem werden	SynoBA
in einen Zustand verfallen	in einen Zustand geraten	SynoFVG
auf einen Ausweg verfallen	einen Ausweg finden	SynoFVG
in Schweigen verfallen	schweigen	SynoBV
ins Grübeln verfallen	grübeln	SynoBV
ins Gegenteil verfallen	—	—
in Schwermut verfallen	schwermütig werden	SynoBA
dem Ruin verfallen	ruiniert werden	SynoBVP
einem Zauber verfallen	einem Zauber erliegen	SynoFVG
dem Untergang verfallen	untergehen	SynoBV
einer Leidenschaft verfallen	leidenschaftlich werden	SynoBA
dem Spiel verfallen	spielsüchtig werden	SynoBA
verfolgen		
eine Taktik verfolgen	taktieren	SynoBV
einen Traum verfolgen	träumen	SynoBV

eine Strategie verfolgen	—	—
eine Richtung verfolgen	ausgerichtet sein	SynoBA
einen Zweck verfolgen	bezwecken	SynoBV
einen Termin verfolgen	—	—
eine Bestrebung verfolgen	bestrebt sein	SynoBV
einen Ansatz verfolgen	—	—
einen Plan verfolgen	planen	SynoBV
eine Idee verfolgen	—	—
eine Methode verfolgen	—	—
ein Konzept verfolgen	—	—
eine Angelegenheit verfolgen	—	—
eine Möglichkeit verfolgen	—	—
ein Ziel verfolgen	abzielen	SynoBV
eine Absicht verfolgen	beabsichtigen	SynoBV
eine Aufgabe verfolgen	—	—
einen Gedanken verfolgen	denken	SynoBV
einen Antrag verfolgen	beantragen	SynoBV
eine Politik verfolgen	—	—
eine Klage verfolgen	klagen	SynoBV
ein Prinzip verfolgen	—	—
einen Sieg verfolgen	siegen	SynoBV
eine Tätigkeit verfolgen	tätig sein	SynoBA
ein Interesse verfolgen	interessiert sein	SynoBA
einen Kurs verfolgen	—	—
eine Linie verfolgen	—	—
einen Glauben verfolgen	glauben	SynoBV
eine Tendenz verfolgen	tendieren	SynoBV
eine Zielsetzung verfolgen	abzielen	SynoBV
eine Privatklage verfolgen	privat klagen	SynoADV
einen Nebenzweck verfolgen	nebenher bezwecken	SynoADV

verleihen

Ausdruck verleihen	ausdrücken	SynoBV
Nachdruck verleihen	betonen	SynoVV
einen Charakter verleihen	—	—
Besonderes verleihen	zu Besonderem machen	SynoBA
Kraft verleihen	kräftigen	SynoBV
einen Titel verleihen	einen Titel geben	SynoFVG
eine Auszeichnung verleihen	auszeichnen	SynoBV
ein Aussehen verleihen	ein Aussehen geben	SynoFVG
Bedeutung verleihen	bedeutungsvoll machen	SynoBA

Glanz verleihen	glanzvoll machen	SynoBA
einen Reiz verleihen	reizvoll machen	SynoBA
Wert verleihen	wertvoll machen	SynoBA
Gewicht verleihen	wichtig machen	SynoBA
Macht verleihen	ermächtigen	SynoBV
Sinn verleihen	sinnvoll machen	SynoBA
eine Form verleihen	formen	SynoBV
einen Preis verleihen	—	—
Autorität verleihen	autorisieren	SynoBV
Dauer verleihen	dauerhaft machen	SynoBA
Ansehen verleihen	angesehen machen	SynoBA
Festigkeit verleihen	festigen	SynoBV
Sicherheit verleihen	sichern	SynoBV
Dynamik verleihen	dynamisch machen	SynoBA
Fähigkeit verleihen	befähigen	SynoBV
einen Anschein verleihen	einen Anschein geben	SynoFVG
Genugtuung verleihen	Genugtuung geben	SynoFVG
Wirkung verleihen	wirkungsvoll machen	SynoBA
eine Aura verleihen	eine Aura geben	SynoFVG
ein Amt verleihen	ein Amt geben	SynoFVG
versetzen		
in eine Lage versetzen	in eine Lage bringen	SynoFVG
einen Schlag versetzen	schlagen	SynoBV
in den Ruhestand versetzen	pensionieren	SynoVV
in einen Zustand versetzen	in einen Zustand bringen	SynoFVG
in Schwingung versetzen	zum Schwingen bringen	SynoFVG
einen Stoß versetzen	stoßen	SynoBV
in Schrecken versetzen	erschrecken	SynoBV
den Todesstoß versetzen	—	—
in Aufregung versetzen	aufregen	SynoBV
in Erstaunen versetzen	erstaunen	SynoBV
in Stimmung versetzen	einstimmen	SynoBV
in Unruhe versetzen	beunruhgen	SynoBV
in Alarmbereitschaft versetzen	alarmbereit machen	SynoBA
in Erregung versetzen	erregen	SynoBV
einen Tritt versetzen	treten	SynoBV
in Bewegung versetzen	bewegen	SynoBV
in einen Glauben versetzen	—	—
in Angst versetzen	ängstigen	SynoBV
eine Ohrfeige versetzen	ohrfeigen	SynoBV

in Spannung versetzen	gespannt machen	SynoBA
in Aufruhr versetzen	aufrühren	SynoBV
in Alarm versetzen	alarmieren	SynoBV
in eine Zwangslage versetzen	in eine Zwangslage bringen	SynoFVG
in einen Rausch versetzen	berauschen	SynoBV
in Panik versetzen	panisch machen	SynoBA
in Trauer versetzen	traurig machen	SynoBA
in Rotation versetzen	zum Rotieren bringen	SynoFVG
in Wut versetzen	wütend machen	SynoBA
in Raserei versetzen	rasend machen	SynoBA
in eine Situation versetzen	—	—
in eine Laune versetzen	gelaunt machen	SynoBA
in Verlegenheit versetzen	verlegen machen	SynoBA
in Drehung versetzen	drehen	SynoBV
in Bestürzung versetzen	bestürzen	SynoBV
in Wallung versetzen	in Wallung bringen	SynoFVG
in eine Zeit versetzen	—	—
in einen Schock versetzen	schockieren	SynoBV
in Kampfbereitschaft versetzen	kampfbereit machen	SynoBA
in Schlaf versetzen	einschläfern	SynoBV
in Begeisterung versetzen	begeistern	SynoBV
in eine Atmosphäre versetzen	—	—
in Gärung versetzen	zum Gären bringen	SynoFVG
vertreten		
einen Standpunkt vertreten	meinen	SynoVV
eine Auffassung vertreten	meinen	SynoVV
eine Ansicht vertreten	meinen	SynoVV
ein Interesse vertreten	ein Interesse wahrnehmen	SynoFVG
eine Meinung vertreten	meinen	SynoBV
eine These vertreten	meinen	SynoVV
eine Sache vertreten	für eine Sache eintreten	SynoFVG
eine Richtung vertreten	für eine Richtung eintreten	SynoFVG
eine Politik vertreten	für eine Politik eintreten	SynoFVG
eine Position vertreten	für eine Position eintreten	SynoFVG
ein Recht vertreten	für ein Recht eintreten	SynoFVG
eine Anschauung vertreten	meinen	SynoVV
eine Idee vertreten	meinen	SynoVV
eine Forderung vertreten	fordern	SynoBV
einen Grundsatz vertreten	einen Grundsatz haben	SynoFVG
eine Überzeugung vertreten	überzeugt sein	SynoBA

eine Linie vertreten	—	—
ein Prinzip vertreten	ein Prinzip haben	SynoFVG
eine Form vertreten	für eine Form eintreten	SynoFVG
eine Lehre vertreten	lehren	SynoBV
eine Theorie vertreten	theoretisieren	SynoBV
einen Anspruch vertreten	beanspruchen	SynoBV
eine Angelegenheit vertreten	für eine Angelegenheit eintreten	SynoFVG

verüben

Selbstmord verüben	Selbstmord begehen	SynoFVG
ein Verbrechen verüben	ein Verbrechen begehen	SynoFVG
ein Attentat verüben	—	—
einen Anschlag verüben	einen Anschlag begehen	SynoFVG
einen Einbruch verüben	einbrechen	SynoBV
einen Mord verüben	morden	SynoBV
einen Unfug verüben	Unfug treiben	SynoFVG
einen Bombenanschlag verüben	—	—
einen Überfall verüben	überfallen	SynoBV
ein Vergehen verüben	—	—
eine Grausamkeit verüben	eine Grausamkeit begehen	SynoFVG
eine Gewalttat verüben	eine Gewalttat begehen	SynoFVG
ein Unrecht verüben	ein Unrecht begehen	SynoFVG
einen Diebstahl verüben	stehlen	SynoBV
eine Greueltat verüben	eine Greueltat begehen	SynoFVG
eine Schwindelei verüben	schwindeln	SynoFVG
einen Sabotageakt verüben	Sabotage begehen	SynoFVG
eine Mordtat verüben	morden	SynoBV
eine Straftat verüben	eine Straftat begehen	SynoFVG
ein Massaker verüben	massakrieren	SynoFVG
eine Erpressung verüben	erpressen	SynoBV
eine Provokation verüben	provozieren	SynoBV
einen Betrug verüben	betrügen	SynoBV

verzeichnen

einen Erfolg verzeichnen	erfolgreich sein	SynoBA
einen Fortschritt verzeichnen	fortschreiten	SynoBV
eine Zunahme verzeichnen	zunehmen	SynoBV
einen Rückgang verzeichnen	zurückgehen	SynoBV
eine Besserung verzeichnen	sich bessern	SynoBV
eine Entwicklung verzeichnen	sich entwickeln	SynoBV
einen Verlust verzeichnen	verlustreich sein	SynoBA
einen Aufschwung verzeichnen	einen Aufschwung nehmen	SynoFVG

ein Defizit verzeichnen	defizitär sein	SynoBA
eine Abweichung verzeichnen	abweichen	SynoBV
einen Sieg verzeichnen	siegen	SynoBV
eine Änderung verzeichnen	sich ändern	SynoBV
eine Steigerung verzeichnen	sich steigern	SynoBV

vornehmen

eine Änderung vornehmen	ändern	SynoBV
eine Verhaftung vornehmen	verhaften	SynoBV
eine Handlung vornehmen	handeln	SynoBV
eine Untersuchung vornehmen	untersuchen	SynoBV
eine Veränderung vornehmen	verändern	SynoBV
eine Korrektur vornehmen	korrigieren	SynoBV
eine Prüfung vornehmen	prüfen	SynoBV
eine Operation vornehmen	operieren	SynoBV
eine Durchsuchung vornehmen	durchsuchen	SynoBV
eine Verbesserung vornehmen	verbessern	SynoBV
eine Verteilung vornehmen	verteilen	SynoBV
eine Wahl vornehmen	wählen	SynoBV
einen Eingriff vornehmen	einen Eingriff durchführen	SynoFVG
eine Umstellung vornehmen	umstellen	SynoBV
eine Erhöhung vornehmen	erhöhen	SynoBV
eine Revision vornehmen	revidieren	SynoBV
eine Maßnahme vornehmen	eine Maßnahme durchführen	SynoFVG
eine Investition vornehmen	investieren	SynoBV
Abstriche vornehmen	Abstriche machen	SynoFVG
eine Reinigung vornehmen	reinigen	SynoBV
eine Messung vornehmen	messen	SynoBV
eine Einteilung vornehmen	einteilen	SynoBV
eine Aussaat vornehmen	aussäen	SynoBV
eine Abstimmung vornehmen	abstimmen	SynoBV
eine Anpassung vornehmen	anpassen	SynoBV
eine Besichtigung vornehmen	besichtigen	SynoBV
einen Kauf vornehmen	kaufen	SynoBV
eine Trauung vornehmen	trauen	SynoBV
eine Trennung vornehmen	trennen	SynoBV
eine Bewertung vornehmen	bewerten	SynoBV
eine Abschreibung vornehmen	abschreiben	SynoBV
eine Eintragung vornehmen	eintragen	SynoBV
eine Kürzung vornehmen	kürzen	SynoBV
eine Entlassung vornehmen	entlassen	SynoBV

eine Schätzung vornehmen	schätzen	SynoBV
eine Reparatur vornehmen	reparieren	SynoBV
einen Umbau vornehmen	umbauen	SynoBV
eine Obduktion vornehmen	obduzieren	SynoBV
einen Austausch vornehmen	austauschen	SynoBV
eine Vereinfachung vornehmen	vereinfachen	SynoBV
eine Stichprobe vornehmen	eine Stichprobe machen	SynoFVG
eine Ergänzung vornehmen	ergänzen	SynoBV
eine Berichtigung vornehmen	berichtigen	SynoBV
eine Kontrolle vornehmen	kontrollieren	SynoBV
wahrnehmen		
ein Interesse wahrnehmen	ein Interesse vertreten	SynoFVG
eine Gelegenheit wahrnehmen	eine Gelegenheit ergreifen	SynoFVG
eine Aufgabe wahrnehmen	eine Aufgabe durchführen	SynoFVG
eine Funktion wahrnehmen	fungieren	SynoBV
ein Recht wahrnehmen	berechtigt sein	SynoFVG
einen Vorteil wahrnehmen	einen Vorteil ergreifen	SynoFVG
eine Chance wahrnehmen	eine Chance ergreifen	SynoFVG
eine Pflicht wahrnehmen	verplichtet sein	SynoBA
einen Termin wahrnehmen	einen Termin einhalten	SynoFVG
ein Angebot wahrnehmen	ein Angebot nutzen	SynoFVG
ein Amt wahrnehmen	amtieren	SynoBV
eine Verantwortung wahrneh-men	verantwortlich sein	SynoBA
eine Verantwortlichkeit wahr-nehmen	verantwortlich sein	SynoBA
einen Nutzen wahrnehmen	ausnützen	SynoBV
eine Zuständigkeit wahrnehmen	zuständig sein	SynoBA
eine Befugnis wahrnehmen	befugt sein	SynoBA
einen Anspruch wahrnehmen	beanspruchen	SynoBV
werfen		
einen Blick werfen	blicken	SynoBV
Schatten werfen	beschatten	SynoBV
ein Licht werfen	beleuchten	SynoBV
über Bord werfen	—	—
über den Haufen werfen	umstoßen	SynoVV
sich in die Brust werfen	—	—
sich zu Füßen werfen	—	—
sich in den Mantel werfen	den Mantel hastig anziehen	SynoBADV
ins Gefängnis werfen	inhaftieren	SynoVV

an die Wand werfen	projizieren	SynoVV
Anker werfen	ankern	SynoBV
ein Schlaglicht werfen	—	—
sich in den Nacken werfen	—	—
die Beine werfen	tanzen	SynoVV
einen Seitenblick werfen	zur Seite blicken	SynoBV
sich auf die Knie werfen	sich hinknien	SynoBV
mit Geld werfen	—	—
auf den Markt werfen	auf den Markt bringen	SynoFVG
aus der Bahn werfen	—	—
Falten werfen	faltig sein	SynoBA
sich aufs Sofa werfen	—	—
aufs Papier werfen	skizzieren	SynoVV
aufs Blatt werfen	skizzieren	SynoVV
ins Schloß werfen	schließen	SynoBV
sich in den Sessel werfen	—	—
einen Rückblick werfen	zurück blicken	SynoBV
Wellen werfen	sich wellen	SynoBV
Strahlen werfen	scheinen	SynoBV
in den Schoß werfen	nachwerfen	SynoVV
aus dem Haus werfen	hinauswerfen	SynoVV
zeigen		
Interesse zeigen	interessiert sein	SynoBA
eine Entwicklung zeigen	sich entwickeln	SynoBV
die Zähne zeigen	Widerstand leisten	SynoFVG
eine Tendenz zeigen	eine Tendenz haben	SynoFVG
Verständnis zeigen	verständnisvoll sein	SynoBA
Spuren zeigen	Spuren aufweisen	SynoFVG
Wirkung zeigen	wirkungsvoll sein	SynoBA
ein Verhalten zeigen	sich verhalten	SynoBV
Neigung zeigen	geneigt sein	SynoBA
Entgegenkommen zeigen	entgegenkommend sein	SynoBA
Haltung zeigen	—	—
Schwäche zeigen	schwach sein	SynoBA
Willen zeigen	willig sein	SynoBA
Charakter zeigen	charaktervoll sein	SynoBA
Ähnlichkeit zeigen	ähnlich sein	SynoBA
eine Reaktion zeigen	reagieren	SynoBV
ziehen		
in Betracht ziehen	erwägen	SynoVV

eine Konsequenz ziehen	konsequent sein	SynoBA
einen Schluß ziehen	schließen	SynoBV
in Erwägung ziehen	erwägen	SynoBV
in Mitleidenschaft ziehen	—	—
eine Folgerung ziehen	folgern	SynoBV
Nutzen ziehen	nutzen	SynoBV
zu Rate ziehen	sich beraten	SynoBV
in Zweifel ziehen	bezweifeln	SynoBV
in Zweifel ziehen	anzweifeln	SynoBV
zur Verantwortung ziehen	verantwortlich machen	SynoBA
zur Rechenschaft ziehen	Rechenschaft verlangen	SynoFVG
eine Grenze ziehen	begrenzen	SynoBV
zu Felde ziehen	—	—
den Hut ziehen	grüßen	SynoVV
den Hut ziehen	bewundern	SynoVV
eine Lehre ziehen	lernen	SynoBV
ein Gesicht ziehen	schmollen	SynoVV
Vorteil ziehen	Vorteil haben	SynoFVG
in den Krieg ziehen	einen Krieg beginnen	SynoFVG
Bilanz ziehen	bilanzieren	SynoBV
Fäden ziehen	—	—
auf seineSeite ziehen	—	—
einen Schlußstrich ziehen	abschließen	SynoBV
aus dem Verkehr ziehen	—	—
Gewinn ziehen	gewinnen	SynoBV
einen Vergleich ziehen	vergleichen	SynoBV
die Aufmerksamkeit auf sich ziehen	—	—
ins Vertrauen ziehen	sich anvertrauen	SynoBV
Falten ziehen	faltig sein	SynoBA
ein Los ziehen	—	—
ins Gespräch ziehen	in ein Gespräch verwickeln	SynoFVG
an einem Strang ziehen	zusammenarbeiten	SynoVV
eine Grimasse ziehen	grimassieren	SynoBV
in die Länge ziehen	dehnen	SynoVV
in die Länge ziehen	verlängern	SynoBV
zollen		
Tribut zollen	—	—
Beifall zollen	applaudieren	SynoVV
Anerkennung zollen	anerkennen	SynoBV

Lob zollen	loben	SynoBV
Bewunderung zollen	bewundern	SynoBV
Achtung zollen	achten	SynoBV
Verehrung zollen	verehren	SynoBV
Respekt zollen	respektieren	SynoBV
Dank zollen	danken	SynoBV
Aufmerksamkeit zollen	beachten	SynoVV

C Funktionsverbgefüge mit dem Funktionsverb „machen"

(mit Basisverben in Klammern)

Abendessen machen

einen Abschluß machen (abschließen)

einen Abstecher machen

Abstriche machen

sich vom Acker machen

einen Alleingang machen

eine Analyse machen (analysieren)

eine Andeutung machen (andeuten)

den Anfang machen (anfangen)

eine Angabe machen (angeben)

ein Angebot machen (anbieten)

eine Anleihe machen

eine Anmerkung machen (anmerken)

Annäherungsversuche machen (sich anzunähern versuchen)

einen Ansatz machen

einen Anschlag machen (anschlagen)

einen Anspruch geltend machen (beanspruchen)

Anstalten machen

eine Anstrengung machen (sich anstrengen)

einen Antrag machen

eine Anzahlung machen (anzahlen)

Appetit machen

eine Arbeit machen (arbeiten)

Ärger machen (ärgern)

Aufgaben machen

Aufhebens machen

zur Auflage machen (auferlegen)

eine Aufnahme machen (aufnehmen)

einen Aufstand machen

seine Aufwartung machen (aufwarten)

Aufwendungen machen (aufwenden)

eine Aufzeichnung machen (aufzeichnen)

Augen machen

eine Ausfahrt machen (ausfahren)

einen Ausfall machen

Ausflüchte machen

einen Ausflug machen

Ausgaben machen (ausgeben)

eine Ausnahme machen (ausnehmen)

eine Aussage machen (aussagen)

einen Auszug machen

eine Autofahrt machen (Auto fahren)

Avancen machen

eine Bahnfahrt machen (Bahn fahren)

Bange machen

Bankrott machen

zur Bedingung machen

sich einen Begriff machen

einen Behördengang machen (zur Behörde gehen)

Beine machen

eine Bekanntschaft machen (kennenlernen)

eine Bemerkung machen (bemerken)

eine Berechnung machen (berechnen)

eine Bergtour machen

einen Bericht machen (berichten)

eine Besorgung machen (besorgen)

Bestandsaufnahme machen

einen Besuch machen (besuchen)

die Betten machen

zum Bettler machen

eine Biegung machen

sich ein Bild machen

Blasen machen

Blödsinn machen

einen Bogen machen

eine Bootsfahrt machen (Boot fahren)

eine Bruchlandung machen

einen Buckel machen

zur Chefsache machen

Dampf machen

Dehnungsübungen machen

Diät machen

eine Dienstreise machen (dienstlich verreisen)

den Doktor machen

Dreck machen

Druck machen

eine Dummheit machen

einen Durchschlag machen

Durst machen

Ehre machen

Eindruck machen (beeindrucken)

eine Eingabe machen

Einkäufe machen (einkaufen)

eine Einweihungsparty machen

Einwendungen machen (einwenden)

ein Ende machen (beenden)

einen Entzug machen

Erfahrungen machen

zum Erfolg machen

Ernst machen

eine Eroberung machen (erobern)

Ersparnisse machen (sparen)

Essen machen

Euros machen

Examen machen

ein Experiment machen (experimentieren)

eine Fahrt machen (fahren)

einen Fauxpas machen

einen Fehler machen

Feierabend machen

die Feinarbeit machen

Ferien machen

eine Feststellung machen

Feuer machen

Fez machen

eine Figur machen

einen Fleck machen (beflecken)

einen Flug machen (fliegen)

eine Flugreise machen

Fortschritte machen (fortschreiten)

Fotos machen (fotografieren)

Freude machen (erfreuen)

Frieden machen

eine Frisur machen (frisieren)

Frühstück machen

Furore machen

einen Fußfall machen

Gartenarbeit machen (gärtnern)

den Garten machen (gärtnern)

Gebrauch machen (gebrauchen)

sich Gedanken machen (denken)

Gedöns machen

einen Gegenangriff machen

einen Gegenbesuch machen

die Gegenprobe machen

zum Geheimnis machen

Geld machen

ein Geräusch machen

ein Geschäft machen

ein Geschenk machen (schenken)

Geschichte machen

Geschrei machen (schreien)

zum Gesetz machen

ein Gesicht machen

zum Gespött machen

eine Geste machen

Gewinn machen

zur Gewohnheit machen (angewöhnen)

Gezeter machen (zetern)

zur Glosse machen

eine Grimasse machen (grimassieren)

zum Grundsatz machen

Gymnastik machen

Hackfleisch machen

zum Hahnrei machen

Halbe Halbe machen

Halt machen (halten)

Hamsterkäufe machen

einen Handstand machen

Hausarbeit machen

Hausaufgaben machen

einen Hausbesuch machen (zu Hause besuchen)

den Haushalt machen

keinen Hehl machen (nicht verhehlen)

einen Heiratsantrag machen

zum Herrn machen

Heu machen (heuen)

Hochzeit machen (hochzeiten)

den Hof machen

Hoffnung machen

zur Hölle machen

die Honneurs machen

in die Hose machen

sich Illusionen machen

Inventur machen

Jagd machen (jagen)

Kaffee machen

Kapriolen machen

Karriere machen

Kasse machen

die Kasse machen (kassieren)

einen Katzenbuckel machen (katzbuckeln)

eine Kehrtwendung machen

ein Kind machen

einen Klimmzug machen

das Klinikum machen

eine Kneipentour machen

einen Knicks machen (knicksen)

einen Kniefall machen (auf die Knie fallen)

ein Kompliment machen

Konkurrenz machen (konkurrieren)

Konkurs machen

einen Kopfsprung machen

einen Kopfstand machen (kopfstehen)

Kopfzerbrechen machen

eine Kopie machen (kopieren)

einen Kostenvoranschlag machen

Krach machen

einen Krankenbesuch machen (einen Kranken besuchen)

Krawall machen

ein Kreuz machen (ankreuzen)

zum Krüppel machen

Kummer machen (bekümmern)

Kunststücke machen

eine Kur machen

einen Kurs machen

Lärm machen (lärmen)

Licht machen

Liebe machen (lieben)

eine Liebeserklärung machen (seine Liebe erklären)

Lockerungsübungen machen

sich Luft machen

einen Luftsprung machen (in die Luft springen)

Männchen machen

zum Märtyrer machen

Mätzchen machen

den Meister machen

Miene machen

Mist machen

Mittag machen

eine Mitteilung machen (mitteilen)

sich Mühe machen (sich mühen)

Musik machen (musizieren)

Mut machen (ermutigen)

sich einen Namen machen

eine Narkose machen (narkotisieren)

einen Neuanfang machen (neu anfangen)

ein Nickerchen machen

das Nötigste machen

eine Notiz machen (notieren)

Optionsgeschäfte machen

Ordnung machen (ordnen)

Parlamentsferien machen

eine Partie machen

Party machen

Pause machen (pausieren)

Picknick machen

Pipi machen

Platz machen

Pleite machen

einen Preis machen

eine Preisangabe machen (einen Preis angeben)

ein Preisangebot machen (einen Preis anbieten)

zum Prinzip machen

eine Probe machen (probieren)

Probleme machen

Profit machen (profitieren)

den Prozeß machen (prozessieren)

eine Prüfung machen

Psychoterror machen

Punkte machen (punkten)

Quatsch machen

Rabatz machen

Radau machen

Rast machen (rasten)

eine Rechnung machen (rechnen)

zur Regel machen

einen Reibach machen

eine Reise machen (reisen)

Reklame machen

Remis machen

ein Rennen machen

das Rennen machen

eine Reservierung machen (reservieren)

einen Riesensatz machen

ein Riesen-Trara machen

einen Riß machen (einreißen)

einen Rückzieher machen (sich zurückziehen)

eine Runde machen

die Runde machen

einen Rundgang machen

gemeinsame Sache machen

einen Salto machen

einen Satz machen

zur Sau machen

eine Sauftour machen

Schande machen

eine Schätzung machen (schätzen)

einen Scherz machen (scherzen)

Schiebergeschäfte machen

zum Schiedsrichter machen

ein Schläfchen machen (schlafen)

Schlagzeilen machen

eine Schlankheitskur machen

Schleichwerbung machen

eine Schleife machen

Schluß machen

das Schlußlicht machen

Schmutz machen

einen Schnappschuß machen

zur Schnecke machen

einen Schnitzer machen

einen Schulabschluß machen (eine Schule abschließen)

Schulden machen (sich verschulden)

Schule machen

eine Seereise machen

einen Segelflug machen

eine Sicherungskopie machen (zur Sicherung kopieren)

Sinn machen

sich auf die Socken machen

Sorgen machen

einen Spagat machen

Spaß machen (spaßen)

einen Spaziergang machen (spazierengehen)

Spektakel machen

Sperenzien machen

ein Spiel machen (spielen)

Sport machen

eine Spritztour machen

Sprüche machen

einen Sprung machen (springen)

die Steuererklärung machen

Stimmung machen

Straßenmusik machen

Streiche machen

Streß machen (stressen)

Stunk machen

einen Sturzflug machen

eine Szene machen

Tabula rasa machen

einen Tagesausflug machen

einen Tanzkurs machen

einen Tausch machen (tauschen)

Tee machen

Teig machen

Telearbeit machen

Terror machen (terrorisieren)

Theater machen

zum Thema machen (thematisieren)

zum Tier machen

reinen Tisch machen

einen Transport machen (transportieren)

zur Tugend machen

Überstunden machen

eine Umdrehung machen

Umstände machen

Umtriebe machen

einen Umweg machen

Unfug machen

Unsinn machen

einen Unterschied machen (sich unterscheiden)

einen Unterschied machen (unterschiedlich behandeln)

eine Untersuchung machen (untersuchen)

Urlaub machen (urlauben)

eine Verbeugung machen (sich verbeugen)

zum Verbündeten machen (sich verbünden)

Verdruß machen (verdrießen)

Vergnügen machen

Verlust machen

Vermögen machen

Versprechungen machen (versprechen)

einen Versuch machen (versuchen)

einen Vertrag machen

Vertretung machen (vertreten)

Visite machen

eine Vollbremsung machen (voll bremsen)

Vorbehalte machen

Vorhaltungen machen (vorhalten)

Vorsätze machen

einen Vorschlag machen (vorschlagen)

Vorschriften machen (vorschreiben)

eine Vorstellung machen (vorstellen)

zum Vorwurf machen (vorwerfen)

Wahlkampf machen

Wahlpropaganda machen

eine Wanderung machen (wandern)

sich auf den Weg machen

eine Weinprobe machen (Wein probieren)

eine Weltreise machen (um die Welt reisen)

Werbung machen (werben)

einen Wettbewerb machen

einen Wettkampf machen

Winkelzüge machen

Wirbel machen

einen Witz machen

Worte machen

ein Wortspiel machen

zum Zahlungsmittel machen

das Zimmer machen

Zirkus machen
einen Zug machen
ein Zugeständnis machen (zugestehen)

D Als Entailments aufbereitete Funktionsverbgefüge

Funktionsverb: ablegen

Der x1 legt Zeugnis von dem x2 ab. : Der x1 bezeugt den x2.

Der x1 legt Rechenschaft über den x2 ab. : Der x1 rechtfertigt sich für den x2.

Der x1 legt gegenüber dem x2 ein Geständnis über den x3 ab. : Der x1 gesteht dem x2 den x3.

Der x1 legt über den x2 ein Gelöbnis ab. : Der x1 gelobt den x2.

Der x1 legt über den x2 einen Schwur ab. : Der x1 schwört den x2.

Funktionsverb: abschließen

Der x1 schließt mit dem x2 eine Vereinbarung über den x3 ab. : Der x1 vereinbart mit dem x2 den x3.

Der x1 schließt mit dem x2 eine Wette auf den x3 ab. : Der x1 wettet mit dem x2 auf den x3.

Der x1 schließt mit dem x2 ein Übereinkommen über den x3 ab. : Der x1 kommt mit dem x2 überein bezüglich des x3.

Der x1 schließt für den x2 eine Versicherung gegen den x3 ab. : Der x1 versichert den x2 gegen den x3.

Funktionsverb: abstatten

Der x1 stattet dem x2 einen Besuch ab. : Der x1 besucht den x2.

Der x1 stattet dem x2 Dank ab für den x3. : Der x1 dankt dem x2 für den x3.

Der x1 stattet dem x2 Bericht ab über den x3. : Der x1 berichtet dem x2 über den x3.

Funktionsverb: anschneiden

Der x1 schneidet eine Frage an. : Der x1 spricht eine Frage an.

Der x1 schneidet eine Frage an. : Der x1 thematisiert eine Frage.

Der x1 schneidet ein Thema an. : Der x1 spricht ein Thema an.

Der x1 schneidet ein Thema an. : Der x1 bringt ein Thema zur Sprache.

Der x1 schneidet ein Problem an. : Der x1 spricht ein Problem an.

Der x1 schneidet ein Problem an. : Der x1 bringt ein Problem zur Sprache.

Der x1 schneidet eine Sache an. : Der x1 spricht eine Sache an.

Der x1 schneidet eine Sache an. : Der x1 bringt eine Sache zur Sprache.

Funktionsverb: anstellen

Der x1 stellt über den x2 eine Untersuchung an. : Der x1 untersucht den x2.

Der x1 stellt bezüglich des x2 Überlegungen an. : Der x1 überlegt bezüglich des x2.

Der x1 stellt über den x2 Nachforschungen an. : Der x1 forscht über den x2 nach.

Der x1 stellt über den x2 einen Vergleich mit dem x3 an. : Der x1 vergleicht den x2 mit dem x3.

Der x1 stellt über den x2 Ermittlungen an. : Der x1 ermittelt den x2.

Funktionsverb: aufgeben

Der x1 gibt eine Bestellung über den x2 auf. : Der x1 bestellt den x2.

Der x1 gibt eine Anzeige für den x2 auf. : Der x1 schaltet eine Anzeige für den x2.

Der x1 gibt ein Telegramm an den x2 auf. : Der x1 telegraphiert dem x2.

Der x1 gibt einen Brief an den x2 auf. : Der x1 sendet einen Brief an den x2.

Der x1 gibt Post auf. : Der x1 versendet Post.

Funktionsverb: aufnehmen

Der x1 nimmt mit dem x2 Verhandlungen auf. : Der x1 verhandelt mit dem x2.

Der x1 nimmt mit dem x2 Kontakt auf. : Der x1 kontaktiert den x2.

Der x1 nimmt den Kampf mit dem x2 auf. : Der x1 kämpft mit dem x2.

Der x1 nimmt den Betrieb des x2 auf. : Der x1 betreibt den x2.

Der x1 nimmt die Verfolgung des x2 auf. : Der x1 verfolgt den x2.

Funktionsverb: aufstellen

Der x1 stellt über den x2 eine Behauptung auf. : Der x1 behauptet den x2.

Der x1 stellt gegenüber dem x2 eine Forderung nach dem x3 auf. : Der x1 fordert von dem x2 den x3.

Der x1 stellt über den x2 eine Liste auf. : Der x1 listet den x2 auf.

Der x1 stellt über den x2 eine Bilanz auf. : Der x1 bilanziert den x2.

Der x1 stellt für den x2 einen Plan auf. : Der x1 plant den x2.

Funktionsverb: aufweisen

Der x1 weist eine Ähnlichkeit mit dem x2 auf. : Der x1 ähnelt dem x2.

Der x1 weist eine Ähnlichkeit mit dem x2 auf. : Der x1 ist dem x2 ähnlich.

Der x1 weist einen Mangel in dem x2 auf. : Der x1 hat in dem x2 einen Mangel.

Der x1 weist einen Mangel in dem x2 auf. : Der x1 ist in dem x2 mangelhaft.

Der x1 weist einen Unterschied in dem x2 auf. : Der x1 unterscheidet sich von dem x2.

Der x1 weist eine Zunahme in dem x2 auf. : Der x1 nimmt in dem x2 zu.

Der x1 weist eine Schwankung in dem x2 auf. : Der x1 schwankt in dem x2.

Funktionsverb: ausbrechen

Der x1 bricht in Tränen aus. : Der x1 heult los.

Der x1 bricht in Gelächter aus. : Der x1 lacht los.

Der x1 bricht in Jubel aus. : Der x1 jubelt auf.

Der x1 bricht in Empörung aus. : Der x1 empört sich.

Der x1 bricht in Schreie aus. : Der x1 schreit los.

Funktionsverb: ausführen

Der x1 führt einen Diebstahl aus. : Der x1 stiehlt.

Der x1 führt eine Reparatur an dem x2 aus. : Der x1 repariert den x2.

Der x1 führt einen Sprung aus. : Der x1 springt.

Der x1 führt eine Messung aus. : Der x1 mißt.

Der x1 führt einen Einbruch aus. : Der x1 bricht ein.

Funktionsverb: ausstellen

Der x1 stellt dem x2 eine Bescheinigung über den x3 aus. : Der x1 bescheinigt dem x2 den x3.

Der x1 stellt dem x2 ein Attest über den x3 aus. : Der x1 attestiert dem x2 den x3.

Der x1 stellt dem x2 eine Quittung über den x3 aus. : Der x1 quittiert dem x2 den x3.

Der x1 stellt dem x2 eine Urkunde über den x3 aus. : Der x1 beurkundet dem x2 den x3.

Der x1 stellt dem x2 eine Vollmacht für den x3 aus. : Der x1 bevollmächtigt den x2 für den x3.

Funktionsverb: austragen

Der x1 trägt mit dem x2 einen Kampf um den x3 aus. : Der x1 kämpft mit dem x2 um den x3.

Der x1 trägt mit dem x2 einen Streit um den x3 aus. : Der x1 streitet mit dem x2 um den x3.

Der x1 trägt ein Rennen aus. : Der x1 veranstaltet ein Rennen.

Der x1 trägt ein Spiel aus gegen den x2. : Der x1 spielt gegen den x2.

Der x1 trägt ein Spiel aus gegen den x2. : Der x1 veranstaltet ein Spiel gegen den x2.

Funktionsverb: ausüben

Der x1 übt auf den x2 Einfluß aus. : Der x1 beeinflußt den x2.

Der x1 übt eine Tätigkeit als x2 aus. : Der x1 ist als x2 tätig.

Der x1 übt auf den x2 Zwang bezüglich des x3 aus. : Der x1 zwingt den x2 zum x3.

Der x1 übt ein Handwerk aus. : Der x1 ist Handwerker.

Der x1 übt über den x2 die Aufsicht aus. : Der x1 beaufsichtigt den x2.

Funktionsverb: begehen

Der x1 begeht einen Mord an dem x2. : Der x1 ermordet den x2.

Der x1 begeht eine Sünde. : Der x1 sündigt.

Der x1 begeht einen Verrat an dem x2. : Der x1 verrät den x2.

Der x1 begeht einen Verstoß gegen den x2. : Der x1 verstößt gegen den x2.

Der x1 begeht einen Betrug an dem x2. : Der x1 betrügt den x2.

Funktionsverb: bekommen

Der x1 bekommt Nachricht von dem x2 von dem x3. : Der x1 wird von dem x2 von dem x3 benachrichtigt.

Der x1 bekommt einen Namen von dem x2. : Der x1 wird von dem x2 benannt.

Der x1 bekommt Besuch von dem x2. : Der x1 wird von dem x2 besucht.

Der x1 bekommt Hunger. : Der x1 wird hungrig.

Der x1 bekommt Unterricht von dem x2 in dem x3. : Der x1 wird von dem x2 in dem x3 unterrichtet.

Funktionsverb: bestreiten

Der x1 bestreitet sein Dasein mit dem x2. : Der x1 finanziert sein Dasein mit dem x2.

Der x1 bestreitet die Unterhaltung mit dem x2. : Der x1 sorgt mit dem x2 für die Unterhaltung.

Der x1 bestreitet seine Ausgaben mit dem x2. : Der x1 finanziert seine Ausgaben mit dem x2.

Der x1 bestreitet ein Rennen um den x2. : Der x1 rennt um den x2.

Der x1 bestreitet einen Kampf gegen den x2 um den x3. : Der x1 kämpft gegen den x2 um den x3.

Funktionsverb: bleiben

Der x1 bleibt in Abhängigkeit von dem x2. : Der x1 hängt von dem x2 ab.

Der x1 bleibt bei dem x2 in Anwendung. : Der x1 wird von dem x2 angewendet.

Der x1 bleibt in Bewegung. : Der x1 bewegt sich.

Der x1 bleibt mit dem x2 in Verbindung. : Der x1 ist verbunden mit dem x2.

Der x1 bleibt in Betrieb. : Der x1 wird betrieben.

Funktionsverb: bringen

Der x1 bringt den x2 zum Ausdruck. : Der x1 drückt den x2 aus.

Der x1 bringt den x2 in Ordnung. : Der x1 ordnet den x2.

Der x1 bringt den x2 zum Abschluß. : Der x1 schließt den x2 ab.

Der x1 bringt den x2 zur Anwendung. : Der x1 wendet den x2 an.

Der x1 bringt den x2 zur Ausführung. : Der x1 führt den x2 aus.

Funktionsverb: durchführen

Der x1 führt eine Untersuchung des x2 durch. : Der x1 untersucht den x2.

Der x1 führt eine Messung des x2 an dem x3 durch. : Der x1 mißt den x2 an dem x3.

Der x1 führt einen Angriff gegen den x2 durch. : Der x1 greift den x2 an.

Der x1 führt eine Reparatur an dem x2 durch. : Der x1 repariert den x2.

Der x1 führt eine Trennung des x2 von dem x3 durch. : Der x1 trennt den x2 von dem x3.

Funktionsverb: einbringen

Der x1 bringt einen Antrag auf den x2 bei dem x3 ein. : Der x1 beantragt den x2 bei dem x3.

Der x1 bringt einen Vorschlag für den x2 bei dem x3 ein. : Der x1 schlägt den x2 dem x3 vor.

Der x1 bringt die Ernte ein. : Der x1 erntet.

Der x1 bringt eine Anfrage wegen des x2 bei dem x3 ein. : Der x1 fragt wegen des x2 bei dem x3 an.

Der x1 bringt die Beute an dem x2 ein. : Der x1 erbeutet den x2.

Funktionsverb: eingehen

Der x1 geht eine Verpflichtung gegenüber dem x2 ein. : Der x1 verpflichtet sich gegenüber dem x2.

Der x1 geht ein Risiko für den x2 ein. : Der x1 riskiert den x2.

Der x1 geht ein Bündnis mit dem x2 ein. : Der x1 verbündet sich mit dem x2.

Der x1 geht eine Wette mit dem x2 ein. : Der x1 wettet mit dem x2.

Der x1 geht ein Wagnis zu dem x2 ein. : Der x1 wagt den x2.

Funktionsverb: einlegen

Der x1 legt gegen den x2 Protest bei dem x3 ein. : Der x1 protestiert gegen den x2 bei dem x3.

Der x1 legt eine Pause ein. : Der x1 pausiert.

Der x1 legt gegen den x2 Beschwerde bei dem x3 ein. : Der x1 beschwert sich über den x2 bei dem x3.

Der x1 legt gegen den x2 Widerspruch bei dem x3 ein. : Der x1 widerspricht gegen den x2 bei dem x3.

Der x1 legt eine Rast ein. : Der x1 rastet.

Funktionsverb: erbringen

Der x1 erbringt für den x2 einen Beweis. : Der x1 beweist den x2.

Der x1 erbringt für den x2 einen Nachweis. : Der x1 weist den x2 nach.

Der x1 erbringt für den x2 eine Leistung. : Der x1 leistet für den x2.

Der x1 erbringt für den x2 einen Beitrag. : Der x1 trägt zu dem x2 bei.

Der x1 erbringt für den x2 einen Beleg. : Der x1 belegt den x2.

Funktionsverb: erfahren

Der x1 erfährt eine Steigerung in dem x2. : Der x1 steigert sich in dem x2.

Der x1 erfährt eine Steigerung. : Der x1 wird gesteigert.

Der x1 erfährt eine Verbesserung in dem x2. : Der x1 verbessert sich in dem x2.

Der x1 erfährt eine Verbesserung. : Der x1 wird verbessert.

Der x1 erfährt eine Zunahme in dem x2. : Der x1 nimmt in dem x2 zu.

Der x1 erfährt einen Rückgang in dem x2. : Der x1 geht in dem x2 zurück.

Der x1 erfährt Kritik von dem x2. : Der x1 wird von dem x2 kritisiert.

Funktionsverb: ergreifen

Der x1 ergreift das Wort. : Der x1 redet.

Der x1 ergreift die Flucht vor dem x2. : Der x1 flüchtet vor dem x2.

Der x1 ergreift die Offensive gegen den x2. : Der x1 wird gegen den x2 offensiv.

Der x1 ergreift Sanktionen gegen den x2. : Der x1 sanktioniert den x2.

Der x1 ergreift die Herrschaft über den x2. : Der x1 herrscht über den x2.

Funktionsverb: erhalten

Der x1 erhält von dem x2 Nachricht über den x3. : Der x1 wird von dem x2 über den x3 benachrichtigt.

Der x1 erhält von dem x2 Unterstützung für den x3. : Der x1 wird von dem x2 für den x3 unterstützt.

Der x1 erhält von dem x2 Unterricht in dem x3. : Der x1 wird von dem x2 in dem x3 unterrichtet.

Der x1 erhält von dem x2 eine Einladung zu dem x3. : Der x1 wird von dem x2 zu dem x3 eingeladen.

Der x1 erhält von dem x2 eine Vollmacht für den x3. : Der x1 wird von dem x2 für den x3 bevollmächtigt.

Funktionsverb: erheben

Der x1 erhebt gegenüber dem x2 Anspruch auf den x3. : Der x1 beansprucht von dem x2 den x3.

Der x1 erhebt gegen den x2 Anklage. : Der x1 klagt den x2 an.

Der x1 erhebt gegen den x2 Protest. : Der x1 protestiert gegen den x2.

Der x1 erhebt gegen den x2 Beschwerde. : Der x1 beschwert sich über den x2.

Der x1 erhebt an dem x2 Zweifel. : Der x1 zweifelt den x2 an.

Funktionsverb: erlassen

Der x1 erläßt einen Aufruf zu dem x2. : Der x1 ruft zu dem x2 auf.

Der x1 erläßt eine Vorschrift für den x2. : Der x1 schreibt den x2 vor.

Der x1 erläßt eine Anordnung für den x2. : Der x1 ordnet den x2 an.

Der x1 erläßt eine Amnestie für den x2. : Der x1 amnestiert den x2.

Der x1 erläßt ein Verbot für den x2. : Der x1 verbietet den x2.

Funktionsverb: ernten

Der x1 erntet von dem x2 Lob. : Der x1 wird von dem x2 gelobt.

Der x1 erntet von dem x2 Gelächter. : Der x1 wird von dem x2 ausgelacht.

Der x1 erntet von dem x2 Spott. : Der x1 wird von dem x2 verspottet.

Der x1 erntet von dem x2 Bewunderung. : Der x1 wird von dem x2 bewundert.

Der x1 erntet von dem x2 Anerkennung. : Der x1 wird von dem x2 anerkannt.

Funktionsverb: erstatten

Der x1 erstattet dem x2 Bericht über den x3. : Der x1 berichtet dem x2 über den x3.

Der x1 erstattet gegen den x2 Anzeige wegen des x3. : Der x1 zeigt den x2 wegen des x3 an.

Der x1 erstattet dem x2 Meldung über den x3. : Der x1 meldet dem x2 den x3.

Der x1 erstattet dem x2 ein Gutachten über den x3. : Der x1 begutachtet dem x2 den x3.

Der x1 erstattet dem x2 Vorschläge bezüglich des x3. : Der x1 schlägt dem x2 den x3 vor.

Funktionsverb: erteilen

Der x1 erteilt dem x2 einen Befehl zu dem x3. : Der x1 befiehlt dem x2 den x3.

Der x1 erteilt dem x2 eine Genehmigung für den x3. : Der x1 genehmigt dem x2 den x3.

Der x1 erteilt dem x2 Unterricht in dem x3. : Der x1 unterrichtet den x2 in dem x3.

Der x1 erteilt dem x2 eine Belehrung über den x3. : Der x1 belehrt den x2 über den x3.

Der x1 erteilt dem x2 eine Zurechtweisung. : Der x1 weist den x2 zurecht.

Funktionsverb: erweisen

Der x1 erweist dem x2 einen Dienst. : Der x1 dient dem x2.

Der x1 erweist dem x2 eine Ehre. : Der x1 ehrt den x2.

Der x1 erweist dem x2 Vertrauen. : Der x1 vertraut dem x2.

Der x1 erweist dem x2 Respekt. : Der x1 respektiert den x2.

Der x1 erweist dem x2 eine Gunst. : Der x1 begünstigt den x2.

Funktionsverb: fällen

Der x1 fällt über den x2 ein Urteil. : Der x1 urteilt über den x2.

Der x1 fällt über den x2 ein Urteil. : Der x1 verurteilt den x2.

Der x1 fällt über den x2 eine Entscheidung. : Der x1 entscheidet über den x2.

Der x1 fällt das Lot. : Der x1 lotet.

Der x1 fällt über den x2 einen Beschluß. : Der x1 beschließt den x2.

Der x1 fällt über den x2 einen Entscheid. : Der x1 entscheidet den x2.

Funktionsverb: fallen

Der x1 fällt für den x2 ins Gewicht. : Der x1 ist für den x2 wichtig.

Der x1 fällt dem x2 zur Last. : Der x1 belastet den x2.

Der x1 fällt über dem x2 in Ohnmacht. : Der x1 wird über dem x2 ohnmächtig.

Der x1 fällt dem x2 auf die Nerven. : Der x1 belastet den x2.

Der x1 fällt in Schlaf. : Der x1 schläft ein.

Funktionsverb: fassen

Der x1 faßt über den x2 einen Beschluß. : Der x1 beschließt den x2.

Der x1 faßt zu dem x2 einen Entschluß. : Der x1 entschließt sich zu dem x2.

Der x1 faßt zu dem x2 einen Vorsatz. : Der x1 nimmt sich den x2 vor.

Der x1 faßt zu dem x2 einen Plan. : Der x1 plant den x2.

Der x1 faßt zu dem x2 Vertrauen. : Der x1 vertraut dem x2.

Funktionsverb: finden

Der x1 findet durch den x2 Anwendung. : Der x1 wird von dem x2 angewendet.

Der x1 findet durch den x2 Beachtung. : Der x1 wird von dem x2 beachtet.

Der x1 findet durch den x2 Unterstützung. : Der x1 wird von dem x2 unterstützt.

Der x1 findet bei dem x2 Aufnahme. : Der x1 wird von dem x2 aufgenommen.

Der x1 findet durch den x2 Verbreitung. : Der x1 wird von dem x2 verbreitet.

Der x1 findet durch den x2 Verbreitung. : Der x1 verbreitet sich durch den x2.

Funktionsverb: führen

Der x1 führt den x2 zu Ende. : Der x1 beendet den x2.

Der x1 führt einen Kampf gegen den x2. : Der x1 kämpft gegen den x2.

Der x1 führt Klage gegen den x2. : Der x1 klagt gegen den x2.

Der x1 führt Beschwerde über den x2. : Der x1 beschwert sich über den x2.

Der x1 führt über den x2 Protokoll. : Der x1 protokolliert den x2.

Funktionsverb: geben

Der x1 gibt dem x2 Antwort. : Der x1 antwortet dem x2.

Der x1 gibt dem x2 den Vorzug. : Der x1 bevorzugt den x2.

Der x1 gibt dem x2 einen Befehl zu dem x3. : Der x1 befiehlt dem x2 den x3.

Der x1 gibt dem x2 Nachricht. : Der x1 benachrichtigt den x2.

Der x1 gibt dem x2 Unterricht in dem x3. : Der x1 unterrichtet den x2 in dem x3.

Funktionsverb: gehen

Der x1 geht zu Ende. : Der x1 endet.

Der x1 geht zu Bett. : Der x1 geht schlafen.

Der x1 geht zur Arbeit. : Der x1 arbeitet.

Der x1 geht in Erfüllung. : Der x1 erfüllt sich.

Der x1 geht in den Kampf. : Der x1 kämpft.

Funktionsverb: gelangen

Der x1 gelangt zum Abschluß. : Der x1 wird abgeschlossen.

Der x1 gelangt mit dem x2 zu einer Einigung. : Der x1 einigt sich mit dem x2.

Der x1 gelangt zur Reife. : Der x1 reift.

Der x1 gelangt zu Berühmtheit. : Der x1 wird berühmt.

Der x1 gelangt in den Verkauf. : Der x1 wird verkauft.

Funktionsverb: genießen

Der x1 genießt Schutz durch den x2. : Der x1 wird von dem x2 geschützt.

Der x1 genießt eine Erziehung bei dem x2. : Der x1 wird von dem x2 erzogen.

Der x1 genießt Achtung bei dem x2. : Der x1 wird von dem x2 geachtet.

Der x1 genießt Unterstützung durch den x2. : Der x1 wird von dem x2 unterstützt.

Der x1 genießt Anerkennung durch den x2. : Der x1 wird von dem x2 anerkannt.

Der x1 genießt Anerkennung durch den x2. : Der x1 ist bei dem x2 anerkannt.

Funktionsverb: geraten

Der x1 gerät bei dem x2 in Vergessenheit. : Der x1 wird von dem x2 vergessen.

Der x1 gerät durch den x2 in Bedrängnis. : Der x1 wird von dem x2 bedrängt.

Der x1 gerät über dem x2 in Wut. : Der x1 wird über dem x2 wütend.

Der x1 gerät durch den x2 in Brand. : Der x1 brennt wegen des x2.

Der x1 gerät bei dem x2 in Verdacht. : Der x1 wird von dem x2 verdächtigt.

Funktionsverb: gewinnen

Der x1 gewinnt durch den x2 Bedeutung. : Der x1 wird durch den x2 bedeutend.

Der x1 gewinnt durch den x2 Ansehen. : Der x1 wird durch den x2 angesehen.

Der x1 gewinnt durch den x2 Sicherheit. : Der x1 wird durch den x2 sicher.

Der x1 gewinnt durch den x2 Erfahrung. : Der x1 wird durch den x2 erfahren.

Der x1 gewinnt durch den x2 Interesse. : Der x1 wird durch den x2 interessant.

Funktionsverb: halten

Der x1 hält eine Rede. : Der x1 redet.

Der x1 hält nach dem x2 Ausschau. : Der x1 schaut nach dem x2 aus.

Der x1 hält in den x2 Einzug. : Der x1 zieht in den x2 ein.

Der x1 hält Ordnung. : Der x1 ist ordentlich.

Der x1 hält Wache. : Der x1 wacht.

Funktionsverb: hegen

Der x1 hegt Hoffnung auf den x2. : Der x1 hofft auf den x2.

Der x1 hegt Zweifel an dem x2. : Der x1 zweifelt an dem x2.

Der x1 hegt Groll gegen den x2. : Der x1 grollt dem x2.

Der x1 hegt Verdacht gegen den x2. : Der x1 verdächtigt den x2.

Der x1 hegt Bewunderung für den x2. : Der x1 bewundert den x2.

Funktionsverb: kommen

Der x1 kommt dem x2 zu Hilfe. : Der x1 hilft dem x2.

Der x1 kommt mit dem x2 zum Abschluß. : Der x1 wird mit dem x2 abgeschlossen.

Der x1 kommt durch den x2 zur Vernunft. : Der x1 wird durch den x2 vernünftig.

Der x1 kommt bei dem x2 zur Sprache. : Der x1 wird bei dem x2 besprochen.

Der x1 kommt bei dem x2 zur Anwendung. : Der x1 wird bei dem x2 angewendet.

Funktionsverb: lassen

Der x1 läßt dem x2 Zeit für den x3. : Der x1 gibt dem x2 Zeit für den x3.

Der x1 läßt den x2 in Ruhe mit dem x3. : Der x1 belästigt den x2 nicht mit dem x3.

Der x1 läßt den x2 in Frieden mit dem x3. : Der x1 belästigt den x2 nicht mit dem x3.

Der x1 läßt den x2 im Glauben. : Der x1 täuscht den x2.

Der x1 läßt Wasser. : Der x1 uriniert.

Funktionsverb: legen

Der x1 legt dem x2 den x3 zur Last. : Der x1 lastet dem x2 den x3 an.

Der x1 legt zu dem x2 den Grund. : Der x1 begründet den x2.

Der x1 legt den x2 in Falten. : Der x1 faltet den x2.

Der x1 legt den x2 an die Kette. : Der x1 kettet den x2 an.

Der x1 legt Betonung auf den x2. : Der x1 betont den x2.

Funktionsverb: leihen

Der x1 leiht dem x2 für den x3 Unterstützung. : Der x1 unterstützt den x2 bei dem x3.

Der x1 leiht dem x2 für den x3 Beistand. : Der x1 steht dem x2 bei dem x3 bei.

Der x1 leiht dem x2 Gehör. : Der x1 hört den x2 an.

Der x1 leiht dem x2 für den x3 seine Dienste. : Der x1 dient dem x2 bei dem x3.

Der x1 leiht dem x2 für den x3 Hilfe. : Der x1 hilft dem x2 bei dem x3.

Funktionsverb: leisten

Der x1 leistet dem x2 bei dem x3 Hilfe. : Der x1 hilft dem x2 bei dem x3.

Der x1 leistet Verzicht auf den x2. : Der x1 verzichtet auf den x2.

Der x1 leistet eine Zahlung. : Der x1 zahlt.

Der x1 leistet dem x2 für den x3 Ersatz. : Der x1 ersetzt dem x2 den x3.

Der x1 leistet dem x2 Folge. : Der x1 folgt dem x2.

Funktionsverb: liegen

Der x1 liegt im Interesse von dem x2. : Der x1 ist für den x2 interessant.

Der x1 liegt im Sterben. : Der x1 stirbt.

Der x1 liegt auf der Lauer. : Der x1 lauert.

Der x1 liegt bei dem x2 in Führung. : Der x1 führt bei dem x2.

Der x1 liegt im Streit mit dem x2. : Der x1 streitet mit dem x2.

Funktionsverb: machen

Der x1 macht einen Besuch bei dem x2. : Der x1 besucht den x2.

Der x1 macht ein Ende mit dem x2. : Der x1 beendet den x2.

Der x1 macht Lärm. : Der x1 lärmt.

Der x1 macht dem x2 Mut. : Der x1 ermutigt den x2.

Der x1 macht dem x2 den x3 zum Vorwurf. : Der x1 wirft dem x2 den x3 vor.

Funktionsverb: nachgehen

Der x1 geht einer Arbeit nach. : Der x1 arbeitet.

Der x1 geht einer Vergnügung nach. : Der x1 vergnügt sich.

Der x1 geht einem Beruf nach. : Der x1 ist berufstätig.

Der x1 geht einer Beschäftigung nach. : Der x1 ist beschäftigt.

Der x1 geht der Prostitution nach. : Der x1 prostituiert sich.

Funktionsverb: nehmen

Der x1 nimmt den x2 in Anspruch. : Der x1 beansprucht den x2.

Der x1 nimmt von dem x2 Abschied. : Der x1 verabschiedet sich von dem x2.

Der x1 nimmt auf den x2 Einfluß. : Der x1 beeinflußt den x2.

Der x1 nimmt an dem x2 Rache. : Der x1 rächt sich an dem x2.

Der x1 nimmt den x2 in Betrieb. : Der x1 betreibt den x2.

Funktionsverb: pflegen

Der x1 pflegt Freundschaft mit dem x2. : Der x1 betreibt den x2.

Der x1 pflegt Kontakt zu dem x2. : Der x1 kontaktiert den x2.

Der x1 pflegt Verkehr mit dem x2. : Der x1 verkehrt mit dem x2.

Der x1 pflegt Geselligkeit. : Der x1 ist gesellig.

Der x1 pflegt Unterhaltung mit dem x2. : Der x1 unterhält sich mit dem x2.

Funktionsverb: schenken

Der x1 schenkt dem x2 Beachtung. : Der x1 beachtet den x2.

Der x1 schenkt dem x2 Glauben. : Der x1 glaubt dem x2.

Der x1 schenkt dem x2 Gehör. : Der x1 hört dem x2 zu.

Der x1 schenkt dem x2 Vertrauen. : Der x1 vertraut dem x2.

Der x1 schenkt dem x2 einen Blick. : Der x1 blickt den x2 an.

Funktionsverb: schlagen

Der x1 schlägt das Kreuz. : Der x1 bekreuzigt sich.

Der x1 schlägt Wurzeln. : Der x1 wurzelt an.

Der x1 schlägt dem x2 eine Wunde. : Der x1 verwundet den x2.

Der x1 schlägt bei dem x2 Alarm. : Der x1 alarmiert den x2.

Der x1 schlägt Krach. : Der x1 lärmt.

Der x1 schlägt Krach. : Der x1 schimpft.

Funktionsverb: schließen

Der x1 schließt mit dem x2 Freundschaft. : Der x1 freundet sich mit dem x2 an.

Der x1 schließt mit dem x2 eine Ehe. : Der x1 ehelicht den x2.

Der x1 schließt mit dem x2 eine Ehe. : Der x1 heiratet den x2.

Der x1 schließt mit dem x2 ein Bündnis. : Der x1 verbündet sich mit dem x2.

Der x1 schließt mit dem x2 Bekanntschaft. : Der x1 lernt den x2 kennen.

Der x1 schließt mit dem x2 einen Vergleich. : Der x1 vergleicht sich mit dem x2.

Funktionsverb: schreiten

Der x1 schreitet zum Angriff auf den x2. : Der x1 greift den x2 an.

Der x1 schreitet zur Abstimmung über den x2. : Der x1 stimmt über den x2 ab.

Der x1 schreitet zur Wahl des x2. : Der x1 wählt den x2.

Der x1 schreitet zur Aktion. : Der x1 agiert.

Der x1 schreitet zum Sieg über den x2. : Der x1 siegt über den x2.

Funktionsverb: setzen

Der x1 setzt den x2 in Bewegung. : Der x1 bewegt den x2.

Der x1 setzt dem x2 ein Ende. : Der x1 beendet den x2.

Der x1 setzt auf den x2 Hoffnung. : Der x1 hofft auf den x2.

Der x1 setzt den x2 in Szene. : Der x1 inszeniert den x2.

Der x1 setzt den x2 in Betrieb. : Der x1 betreibt den x2.

Funktionsverb: spenden

Der x1 spendet dem x2 Trost. : Der x1 tröstet den x2.

Der x1 spendet dem x2 Wärme. : Der x1 wärmt den x2.

Der x1 spendet dem x2 Nahrung. : Der x1 nährt den x2.

Der x1 spendet dem x2 Kühlung. : Der x1 kühlt den x2.

Der x1 spendet dem x2 Freude. : Der x1 erfreut den x2.

Funktionsverb: stehen

Der x1 steht dem x2 zur Verfügung. : Der x1 ist für den x2 verfügbar.

Der x1 steht zur Diskussion. : Der x1 wird diskutiert.

Der x1 steht für den x2 ausser Zweifel. : Der x1 ist für den x2 unzweifelhaft.

Der x1 steht bei dem x2 unter Verdacht. : Der x1 wird von dem x2 verdächtigt.

Der x1 steht unter Strafe. : Der x1 ist strafbar.

Funktionsverb: stellen

Der x1 stellt einen Antrag auf den x2. : Der x1 beantragt den x2.

Der x1 stellt dem x2 den x3 in Rechnung. : Der x1 berechnet dem x2 den x3.

Der x1 stellt den x2 unter Beweis. : Der x1 beweist den x2.

Der x1 stellt den x2 unter Strafe. : Der x1 bestraft den x2.

Der x1 stellt den x2 in Abrede. : Der x1 bestreitet den x2.

Funktionsverb: stoßen

Der x1 stößt bei dem x2 auf Widerspruch. : Dem x1 wird von dem x2 widersprochen.

Der x1 stößt bei dem x2 auf Ablehnung. : Der x1 wird von dem x2 abgelehnt.

Der x1 stößt bei dem x2 durch den x3 an Grenzen. : Der x1 wird bei dem x2 durch den x3 begrenzt.

Der x1 stößt bei dem x2 auf Kritik. : Der x1 wird von dem x2 kritisiert.

Der x1 stößt bei dem x2 auf Verständnis. : Der x1 wird von dem x2 verstanden.

Funktionsverb: tragen

Der x1 trägt dem x2 Rechnung. : Der x1 berücksichtigt den x2.

Der x1 trägt für den x2 Verantwortung. : Der x1 ist für den x2 verantwortlich.

Der x1 trägt für den x2 Sorge. : Der x1 sorgt für den x2.

Der x1 trägt Schuld an dem x2. : Der x1 ist an dem x2 schuld.

Der x1 trägt die Kosten für den x2 : Der x1 bezahlt den x2.

Funktionsverb: treffen

Der x1 trifft eine Entscheidung über den x2. : Der x1 entscheidet den x2.

Der x1 trifft Vorsorge für den x2. : Der x1 sorgt für den x2 vor.

Der x1 trifft mit dem x2 eine Vereinbarung über den x3. : Der x1 vereinbart mit dem x2 den x3.

Der x1 trifft eine Anordnung für den x2. : Der x1 ordnet den x2 an.

Der x1 trifft Vorbereitungen für den x2. : Der x1 bereitet den x2 vor.

Funktionsverb: treiben

Der x1 treibt Handel mit dem x2. : Der x1 handelt mit dem x2.

Der x1 treibt Mißbrauch mit dem x2. : Der x1 mißbraucht den x2.

Der x1 treibt Blüten. : Der x1 erblüht.

Der x1 treibt Spionage. : Der x1 spioniert.

Der x1 treibt Scherze mit dem x2. : Der x1 scherzt mit dem x2.

Funktionsverb: treten

Der x1 tritt bei dem x2 in Erscheinung. : Der x1 erscheint bei dem x2.

Der x1 tritt mit dem x2 in Verbindung. : Der x1 verbindet sich mit dem x2.

Der x1 tritt in den Streik. : Der x1 streikt.

Der x1 tritt mit dem x2 in Kontakt. : Der x1 kontaktiert den x2.

Der x1 tritt mit dem x2 in Verhandlungen. : Der x1 verhandelt mit dem x2.

Funktionsverb: üben

Der x1 übt Kritik an dem x2. : Der x1 kritisiert den x2.

Der x1 übt Zurückhaltung gegenüber dem x2. : Der x1 hält sich gegenüber dem x2 zurück.

Der x1 übt Rache an dem x2. : Der x1 rächt sich an dem x2.

Der x1 übt Nachsicht gegenüber dem x2. : Der x1 ist nachsichtig gegenüber dem x2.

Der x1 übt Verrat an dem x2. : Der x1 verrät den x2.

Funktionsverb: unternehmen

Der x1 unternimmt einen Versuch zu dem x2. : Der x1 versucht den x2.

Der x1 unternimmt eine Anstrengung. : Der x1 strengt sich an.

Der x1 unternimmt eine Reise. : Der x1 verreist.

Der x1 unternimmt einen Angriff. : Der x1 greift an.

Der x1 unternimmt eine Wanderung. : Der x1 wandert.

Funktionsverb: unterziehen

Der x1 unterzieht den x2 einer Revision. : Der x1 revidiert den x2.

Der x1 unterzieht den x2 einer Operation. : Der x1 operiert den x2.

Der x1 unterzieht den x2 einem Verhör über den x3. : Der x1 verhört den x2 über den x3.

Der x1 unterzieht den x2 einer Kontrolle. : Der x1 kontrolliert den x2.

Der x1 unterzieht den x2 einer Reinigung von dem x3. : Der x1 reinigt den x2 von dem x3.

Funktionsverb: verfallen

Der x1 verfällt einem Irrtum bezüglich des x2. : Der x1 irrt sich bezüglich des x2.

Der x1 verfällt dem Wahnsinn. : Der x1 wird wahnsinnig.

Der x1 verfällt in Schweigen. : Der x1 schweigt.

Der x1 verfällt ins Grübeln. : Der x1 grübelt.

Der x1 verfällt dem Untergang. : Der x1 geht unter.

Funktionsverb: verfolgen

Der x1 verfolgt einen Plan zu dem x2. : Der x1 plant den x2.

Der x1 verfolgt ein Ziel des x2. : Der x1 zielt auf den x2 ab.

Der x1 verfolgt einen Zweck des x2. : Der x1 bezweckt den x2.

Der x1 verfolgt eine Absicht des x2. : Der x1 beabsichtigt den x2.

Der x1 verfolgt eine Tendenz zu dem x2. : Der x1 tendiert zu dem x2.

Funktionsverb: verleihen

Der x1 verleiht dem x2 Ausdruck. : Der x1 drückt den x2 aus.

Der x1 verleiht dem x2 Kraft. : Der x1 kräftigt den x2.

Der x1 verleiht dem x2 eine Auszeichnung. : Der x1 zeichnet den x2 aus.

Der x1 verleiht dem x2 Festigkeit. : Der x1 festigt den x2.

Der x1 verleiht dem x2 eine Fähigkeit zu dem x3. : Der x1 befähigt den x2 zu dem x3.

Funktionsverb: versetzen

Der x1 versetzt den x2 mit dem x3 in Schrecken. : Der x1 erschreckt den x2 mit dem x3.

Der x1 versetzt den x2 durch den x3 in Unruhe. : Der x1 beunruhigt den x2 durch den x3.

Der x1 versetzt dem x2 einen Tritt. : Der x1 tritt den x2.

Der x1 versetzt den x2 durch den x3 in Angst. : Der x1 ängstigt den x2 durch den x3.

Der x1 versetzt den x2 mit dem x3 in einen Rausch. : Der x1 berauscht den x2 mit dem x3.

Funktionsverb: vertreten

Der x1 vertritt über den x2 eine Meinung. : Der x1 meint etwas über den x2.

Der x1 vertritt eine Forderung nach dem x2. : Der x1 fordert den x2.

Der x1 vertritt eine Überzeugung bezüglich des x2. : Der x1 ist von dem x2 überzeugt.

Der x1 vertritt eine Lehre des x2. : Der x1 lehrt den x2.

Der x1 vertritt einen Glauben bezüglich des x2. : Der x1 glaubt den x2.

Funktionsverb: verüben

Der x1 verübt einen Einbruch in den x2. : Der x1 bricht in den x2 ein.

Der x1 verübt einen Mord an dem x2. : Der x1 ermordet den x2.

Der x1 verübt einen Überfall auf den x2. : Der x1 überfällt den x2.

Der x1 verübt einen Diebstahl. : Der x1 stiehlt.

Der x1 verübt einen Betrug an dem x2.. : Der x1 betrügt den x2.

Funktionsverb: verzeichnen

Der x1 verzeichnet eine Steigerung in dem x2 um den x3. : Der x1 steigert sich in dem x2 um den x3.

Der x1 verzeichnet einen Rückgang bei dem x2. : Der x1 geht bei dem x2 zurück.

Der x1 verzeichnet ein Wachstum in dem x2. : Der x1 wächst in dem x2.

Der x1 verzeichnet eine Abweichung bei dem x2 von dem x3. : Der x1 weicht bei dem x2 von dem x3 ab.

Der x1 verzeichnet einen Sieg über den x2. : Der x1 siegt über den x2.

Funktionsverb: vornehmen

Der x1 nimmt an dem x2 eine Änderung vor. : Der x1 ändert den x2.

Der x1 nimmt einen Austausch des x2 gegen den x3 vor. : Der x1 tauscht den x2 gegen den x3 aus.

Der x1 nimmt eine Anpassung des x2 an den x3 vor. : Der x1 paßt den x2 an den x3 an.

Der x1 nimmt eine Trennung des x2 von dem x3 vor. : Der x1 trennt den x2 von dem x3.

Der x1 nimmt eine Eintragung des x2 in den x3 vor. : Der x1 trägt den x2 in den x3 ein.

Funktionsverb: werfen

Der x1 wirft einen Blick auf den x2. : Der x1 blickt auf den x2.

Der x1 wirft Schatten auf den x2. : Der x1 beschattet den x2.

Der x1 wirft Anker in dem x2. : Der x1 ankert in dem x2.

Der x1 wirft Falten. : Der x1 ist faltig.

Der x1 wirft Wellen. : Der x1 wellt sich.

Funktionsverb: zeigen

Der x1 zeigt Interesse an dem x2. : Der x1 ist an dem x2 interessiert.

Der x1 zeigt Verständnis für den x2. : Der x1 ist gegenüber dem x2 verständnisvoll.

Der x1 zeigt Wirkung. : Der x1 ist wirkungsvoll.

Der x1 zeigt Ähnlichkeit mit dem x2. : Der x1 ist dem x2 ähnlich.

Der x1 zeigt eine Reaktion auf den x2. : Der x1 reagiert auf den x2.

Funktionsverb: ziehen

Der x1 zieht den x2 in Erwägung. : Der x1 erwägt den x2.

Der x1 zieht aus dem x2 eine Folgerung. : Der x1 folgert aus dem x2.

Der x1 zieht den x2 in Zweifel. : Der x1 bezweifelt den x2.

Der x1 zieht den x2 in Zweifel. : Der x1 zweifelt den x2 an.

Der x1 zieht aus dem x2 eine Lehre. : Der x1 lernt aus dem x2.

Der x1 zieht einen Vergleich mit dem x2. : Der x1 vergleicht mit dem x2.

E Funktionsverbenliste

(einschließlich der Funktionsverben-Kandidatenliste)

ablegen	abschließen	abstatten
annehmen	anschneiden	anstellen
aufgeben	aufgehen	aufnehmen
aufstellen	aufweisen	aufwerfen
ausbrechen	ausführen	ausfüllen
auslösen	äußern	aussprechen
ausstellen	austragen	ausüben
ausweisen	bedeuten	bedürfen
sich befinden	begehen	begriffen sein
behalten	bekleiden	bekommen
bekunden	belegen	bereiten
beschaffen	besitzen	bestehen
bestreiten	betreiben	bewerkstelligen
bewirken	bieten	bilden
bleiben	bringen	darstellen
dienen	dringen	durchführen
einbringen	eingehen	einholen
einlegen	einräumen	einschlagen
eintreten	entsprechen	erbringen
erfahren	erfolgen	erfüllen
ergeben	ergehen	ergreifen
erhalten	erheben	erklären
erlassen	erledigen	erliegen
ernten	erregen	erreichen
erstatten	erstellen	erteilen
erweisen	erzeugen	erzielen
fällen	fallen	fassen
finden	führen	geben
gehen	gehören	gelangen

genießen	geraten	gereichen
gewähren	gewinnen	haben
halten	hegen	herbeiführen
herrschen	hervorrufen	hinlegen
hinwirken	jagen	kommen
lassen	laufen	legen
leiden	leihen	leisten
lenken	liegen	machen
nachgehen	nähren	nehmen
pflegen	rechnen	reißen
richten	rufen	schaffen
schenken	schlagen	schließen
schneiden	schreiten	schweben
sein	setzen	sinken
spenden	spielen	stecken
stehen	stellen	stoßen
stürzen	tätigen	tragen
treffen	treiben	treten
tun	üben	übernehmen
unterhalten	unterliegen	unternehmen
unterziehen	veranlassen	verbinden
verbringen	verfallen	verharren
verhelfen	verleihen	verschaffen
versetzen	versinken	vertreten
verüben	verzeichnen	vollbringen
vollführen	vorbringen	vorgehen
vornehmen	vorsehen	wahren
wahrnehmen	werfen	wiegen
zählen	zeigen	zeitigen
ziehen	zollen	zugestehen
sich zuziehen		

F Die häufigsten deutschen Funktionsverben

(in absteigender Reihenfolge)

machen

begehen

geraten

bringen

erteilen

zollen

gelangen

vornehmen

ziehen

verleihen

erhalten

versetzen

verfallen

aufweisen

gewinnen

nehmen

setzen

bekommen

treiben

stellen

führen

unternehmen

tragen

finden

werfen

geben

ausüben

ausführen

verüben

durchführen

genießen

leisten

halten

erheben

betreiben

schlagen

erlassen

stehen

kommen

erfahren

spenden

treten

hegen

(sich) unterziehen

üben

verzeichnen

fallen

ernten

gehen

eingehen

anstellen

vertreten

aufnehmen

ergreifen

legen

treffen

fassen

liegen

wahrnehmen

zeigen

pflegen

schließen

stoßen

einlegen

schreiten

stürzen

erweisen

ausbrechen

stecken

lassen

bleiben

(in alphabetischer Reihenfolge)

anstellen

aufnehmen

aufweisen

ausbrechen

ausführen

ausüben

begehen

bekommen

betreiben

bleiben

bringen

durchführen

eingehen

einlegen

erfahren

ergreifen

erhalten

erheben

erlassen

ernten

erteilen

erweisen

fallen

fassen

finden

führen

geben

gehen

gelangen

genießen

geraten

gewinnen

halten

hegen

kommen

lassen

legen

leisten

liegen

machen

nehmen

pflegen

schlagen

schließen

schreiten

setzen

spenden

stecken

stehen

stellen

stoßen

stürzen

tragen

treffen

treiben

treten

üben

unternehmen

(sich) unterziehen

verfallen

verleihen

versetzen

vertreten

verüben

verzeichnen

vornehmen

wahrnehmen

werfen
zeigen
ziehen
zollen

G Produktivität von Bewegungs- und Zustandsverben als Funktionsverben

Verb	Anzahl Types	in %	Verb	Anzahl Types	in %
1. bringen	279	15,74	21. fallen	17	0,9
2. sein	221	12,46	22. führen	16	0,9
3. kommen	206	11,62	23. ziehen	15	0,8
4. sich befinden	138	7,78	24. stürzen	14	0,7
5. stehen	133	7,5	25. lassen	13	0,7
6. geraten	109	6,14	26. ergehen	13	0,7
7. nehmen	61	3,44	27. legen	12	0,6
8. stellen	59	3,3	28. ausbrechen	10	0,5
9. bleiben	57	3,21	29. schreiten	9	0,5
10. setzen	56	3,16	30. treiben	8	0,4
11. gehen	47	2,66	31. stoßen	7	0,3
12. halten	46	2,6	32. schweben	5	0,2
13. versetzen	39	2,2	33. versinken	4	0,2
14. haben	35	1,97	34. sinken	3	0,1
15. treten	30	1,7	35. stecken	2	0,1
16. gelangen	23	1,3	36. schlagen	2	0,1
17. liegen	22	1,24	37. jagen	2	0,1
18. geben	20	1,13	38. fassen	2	0,1
19. begriffen sein	19	1,07	39. werfen	1	0,0
20. verfallen	17	0,96	40. tragen	1	0,0
			Total	**1773**	≈

(Quelle: unveröffentlichte Diplomarbeit von Anne Hofstetter (1989) über Funktionsverbgefüge vom Typ „Zustands- oder Bewegungsverb + Präpositionalphrase")

215

H Literatur

[Bat00]   BATOUX, DOMINIQUE: *Les verbes support dans les expressions prédicatives en allemand.* http;//sites.univ-provence.fr/wclaix/VSUP.htm, 2000.

[But03]   BUTT, MIRIAM: *The Light Verb Jungle.* http://edvarda.hf.ntnu.no/ling/tross/Butt.pdf, 2003.

[But04]   BUTT, MIRIAM: *The Light Verb Jungle.* http://ling.uni-konstanz.de/pages/home/butt/harvard-work.pdf, 2004.

[Cal02]   CALZOLARI, NICOLETTA & BERTAGNA, FRANCESCA & LENCI ALESSANDRO & MONACHINIE MONICA: *Standards and Best Practice for Multilingual Computational Lexicons& MILE (the Multilingual ISLE Lexical Entry).* http://www.w3.org/2001/sw/BestPractices/WNET/ISLE-D2.2-D3.2.pdf, 2002.

[Eis06]   EISENBERG, PETER: *Grundriss der deutschen Grammatik, Band 2: Der Satz.* 2006.

[Faz05]   FAZLY, AFSANEH & STEVENSON, SUZANNE: *Automatic Acquisition of Knowledge About Multiword Predicates.* Proceedings of PACLIC, 2005.

[Glö05]   GLÖCKNER, INGO & HARTRUMPF, SVEN & OSSWALD RAINER: *From GermaNet Glosses to Formal Meaning Postulates.* Sprachtechnologie, mobile Kommunikation und linguistische Ressourcen - Beiträge zur GLDV-Tagung 2005 in Bonn, Seiten 394–407, 2005.

[Gla06]   GLATZ, DANIEL: *Funktionsverbgefüge - semantische Doubletten von einfachen Verben oder mehr?* In: PROOST, KRISTEL, GISELA HARRAS und DANIEL GLATZ (Herausgeber): *Domänen der Lexikalisierung kommunikativer Konzepte,* Seiten 129 – 178. Narr, Tübingen, 2006.

[Gle06]   GLEIE, KERSTIN: *Spezifikation und Realisierung von Lexikoneinträgen für idiomatische Ausdrücke deutscher Verben.* Diplomarbeit, FernUniversität in Hagen, 2006.

[Han06] HANKS, PATRICK & URBSCHAT, ANNE & GEHWEILER ELKE: *German Light Verb Constructions in Corpora and Dictionaries*. International Journal of Lexicography, Vol.19 No, 4:439–457, 2006.

[Har03] HARTRUMPF, SVEN & HELBIG, HERMANN & OSSWALD RAINER: *The Semantically Based ComputerLexicon HaGenLex - Structure and Technological Environment*. TAL, 44(2):81–105, 2003.

[Hel84] HELBIG, GERHARD: *Probleme der Beschreibung von Funktionsverbgefügen im Deutschen*. Studien zur deutschen Sprache, 2:163–188, 1984.

[Hel01a] HELBIG, HERMANN: *Die semantische Struktur natürlicher Sprache - Wissensrepräsentation mit MultiNet*. Springer, 2001.

[Hel01b] HELBIG, GERHARD UND BUSCHA, JOACHIM: *Deutsche Grammatik. Ein Handbuch für den Ausländerunterricht*. 2001.

[Hel02] HELMY, IBRAHIM AMR: *Les verbes supports en arabe*. Bulletin de la société de linguistique de Paris, 97, n° 1:315–352, 2002.

[Her68] HERINGER, HANS-JÜRGEN: *Die Opposition von 'kommen' und 'bringen' als Funktionsverben. Untersuchungen zur grammatischen Wertigkeit und Aktionsart*. 1968.

[Her73] HERRLITZ, WOLFGANG: *Funktionsverbgefüge vom Typ 'in Erfahrung bringen'. Ein Beitrag zur generativ-transformationellen Grammatik des Deutschen*. Niemeyer, Tübingen, 1973.

[Hof89] HOFSTETTER, ANNE: *Funktionsverbgefüge. Abgrenzungsproblematik - Deutsch-französisches Lexikon*. Diplomarbeit, 1989. Neuchâtel: unveröffentlichte Lizentiatsarbeit zur Erlangung der Licence ès lettres.

[IMS05] IMS, UNIVERSITÄT STUTTGART: *Verbmobil Transfer Phenomena*. http://www.ims.uni-stuttgart.de/projekte/verbmobil/Dialogs/phenomena/phenomena-intern.html, 2005.

[Kae07] KAEWWIPAT, NORASETH: *Kontrastive Lesegrammatik Deutsch-Thai für den Unterricht Deutsch als Fremdsprache in Thailand*. http://www.upress.uni-kassel.de, 2007.

[Kam06] KAMBER, ALAIN: *Funktionsverbgefüge - empirisch. Eine korpusbasierte Untersuchung in fremdsprachendidaktischer Perspektive*. www.linguistik-online.de/28.06/kamber.pdf, 2006.

[KD97] KARIMI-DOOSTAN, GHOLAMHOSSEIN: *Light verb constructions in*

Persian and Kurdish. 1997.

[Kre04] KRENN, BRIGITTE: *Manual zur Identifikation von Funktionsverbgefügen und figurativen Ausdrücken in PP-Verb-Listen.*
http://collocations.de/guidelines/Krenn2000-Guidelines.ps.gz., 2004.

[Kuh94] KUHN, JONAS: *Die Behandlung von Funktionsverbgefügen in einem
HPSG-basierten Übersetzungsansatz.* 1994.

[Lan05] LANGER, STEFAN: *A Formal Specification of Support Verb Constructions.* Semantik im Lexikon, Seiten 179–202, 2005.

[Näf05] NÄF, ANTON & DUFFNER, ROLF: *Korpuslinguistik im Zeitalter der
Textdatenbanken.* www.linguistik-online.de, 2005.

[Nor05] NORTH, RYAN: *Computational Measures of the Acceptability of Light
Verb Constructions.* http://www.qwantz.com/ryannorth-lvcs.pdf, 2005.

[Pot01] POTTELBERGE, JEROEN VAN: *Verbonominale Konstruktionen, Funktionsverbgefüge. Vom Sinn und Unsinn eines Untersuchungsgegenstandes.*
Winter, Heidelberg, 2001.

[Quo07] QUOCHI, VALERIA: *A Usage-based Approach to Light Verb Constructions in Italian: Development and Use.* http://etd.adm.unipi.it, 12 2007.

[Rei51] REINERS, LUDWIG: *Der sichere Weg zum guten Deutsch.* C.H-Becksche
Verlagsbuchhandlung, München, 1951.

[Sam07] SAMET, RANIA: *Le verbe support arabe, ses constructions et leur tra-
duction en francais.* http://elsap1.unicaen.fr/cahiers, 2007.

[Sei04] SEIFERT, JAN: *Funktionsverbgefüge in der deutschen Gesetzessprache
(18.-20. Jahrhundert).* 2004.

[Ste96] STEIN, ACHIM: *Zur Valenz komplexer Prädikate am Beispiel deutscher und französischer Verb-Substantiv-Verbindungen.* http://www.uni-
stuttgart.de/lingrom/stein/pubs/pdf/stein96a.pdf, 1996.

[Sto06a] STORRER, ANGELIKA: *Corpus-based investigations on German support
verb constructions.* In: FELLBAUM, C. (Herausgeber): *Collocations and
Idioms: Linguistic, lexicographic, and computational aspects.* Continu-
um Press, London, 2006.

[Sto06b] STORRER, ANGELIKA: *Funktionen von Nominalisierungsverbgefügen
im Text. Eine korpusbasierte Fallstudie.* In: PROST, K. und WINKLER.E
(Herausgeber): *Von der Intentionalität zur Bedeutung konventionalisier-*

ter Zeichen. Festschrift für Gisela Harras zum 65. Geburtstag., Seiten 147 – 178. Narr, 2006.

[Sto06c] STORRER, ANGELIKA: *Zum Status der nominalen Komponenten in Nominalisierungsverbgefügen.* In: BREINDL, EVA & GUNKEL, LUTZ & STRECKER BRUNO (Herausgeber): *Grammatische Untersuchungen. Analysen und Reflexionen. Gisela Zifonun zum 60. Geburtstag*, Seiten 275–293. Narr, 2006.

[TF98] TSUTOMU FUJINAMI, CHRISTINE NANZ: *The light verb constructions in Japanese.* www.ims.uni-stuttgart.de/projekte/verbmobil/vm-reports/report-221-98.ps.gz, 1998.

[unb99] UNBEKANNT: *Funktionsverbgefüge.* http://www.stk.tu-darmstadt.de/jcal/funktionsverb.htm, 1999.

[vP63] POLENZ, PETER VON: *Funktionsverben im heutigen Deutsch. Sprache in der rationalisierten Welt.* 1963.

[Win95] WINHART, HEIKE: *Semantische Auswertung und Transfer von Funktionsverbgefügen in VERBMOBIL.* VM Report 78, 1995.

[Win05] WINHART, HEIKE: *Funktionsverbgefüge im Deutschen, Zur Verbindung von Verben und Nominalisierungen.* 2005.

[ZEI07] ZEIT: *Der Weg zum journalistischen Schreiben.* http://gymwil.files.wordpress.com/2007/10/zeit-journalistentipps5.pdf, Oktober 2007.

www.ingramcontent.com/pod-product-compliance
Lightning Source LLC
LaVergne TN
LVHW080115070326
832902LV00015B/2599